edition unseld 7

W0033631

(bis S. 68)

»Welche Wolke der Philosophie? Die aus dem cartesianischen Brunnen?«
Stanley Cavell, Der Anspruch der Vernunft

Hinter einem großangelegten Werk mit dem noch viel größeren Titel *Le Monde* verbirgt sich das ehrgeizigste Projekt des Philosophen René Descartes: In diesem Werk sollten sämtliche getrennten Wissensfäden zusammenlaufen und ein Gewebe ergeben, so dicht gewirkt, daß damit alles unter der Sonne erklärt wäre. Was den Dichter Durs Grünbein zu diesem cartesischen Universum hinzieht, ist gerade nicht der Triumph nüchterner Rationalität. Das Traumhafte jenes Traumprojekts fesselt ihn, das Phantastische hinter den abstrakten Begriffen, der spekulative Höhenflug, den Descartes sich über seinen naturwissenschaftlichen Hypothesen erlaubt, die Spur des Experimentators durchs Dickicht der allerheiligsten Mysterien – kurzum: das Bildermachen, Fabulieren mit und jenseits aller Methode.

Die drei Meditationen fügen sich zur Verteidigungsschrift für einen der meistgehaßten Philosophen. In seinem erzählerisch angelegten Essay geht Grünbein den Fragen nach: Wieviel Mensch steckt in Descartes' reinem Erkenntnis-Ich? Wieviel Anschauung verschwindet in strenger Vivisektion? Ist der Geist nicht dennoch das bewegende Grundprinzip, die *causa prima* des Universums? Mit seinem Vers-Roman über Descartes (*Vom Schnee*, 2003) hatte Durs Grünbein eine bestechende poetische Version des Themas gegeben. In seinen Meditationen dringt er nun als Fußwanderer und in Prosa vor ins Gedankenlabyrinth des Descartes. Es ist die Frage, der dieser Dichter seit Jahren in immer neuen Wendungen nachgeht: Wenn Dante der Descartes der Metapher war (wie der russische Poet Ossip Mandelstam meinte), war dann nicht Descartes – der Dante der neuzeitlichen Wissenschaft? Hier liegt der Gegenpol des heliozentrischen Weltbildes und zugleich der Ursprung des modernen poetischen Ichs. Das *Cogito ergo sum*, das in der wissenschaftlichen Ergründung und Konstruktion der Welt Subjektivität zum Verschwinden bringt, ruft das poetische Ich auf den Plan, in dem der Mensch sich und sein Selbstinteresse wiederentdeckt.

Der cartesische Taucher
Drei Meditationen

Durs Grünbein

Suhrkamp

Die *edition unseld* wird unterstützt durch eine Partnerschaft
mit dem Nachrichtenportal *Spiegel Online*. www.spiegel.de

edition unseld 7
Erste Auflage 2008
© Suhrkamp Verlag Frankfurt am Main 2008
Originalausgabe
Druck: Ebner & Spiegel, Ulm
Umschlaggestaltung: Nina Vöge und Alexander Stublić
Printed in Germany
ISBN: 978-3-518-26007-4

1 2 3 4 5 6 – 13 12 11 10 09 08

Der cartesische Taucher

Inhalt

»Ich wußte ... daß der Einfallsreichtum der Dichtungen den Geist aufweckt.«

René Descartes,
Von der Methode des richtigen Vernunftgebrauchs
und der wissenschaftlichen Forschung 1636

Kein reines Ich

In einem Brief an die Pfalzgräfin Elisabeth von Böhmen, datiert auf den 22. Februar 1649, läßt der Philosoph Descartes eine Bemerkung über die Dichtkunst fallen, die mich elektrisierte, als ich sie zum ersten Mal las. »Und ich glaube, diese Laune, Verse zu machen, kommt von einer starken Erregung der Tiergeister, welche die Einbildung derer, die kein gut gefügtes Gehirn haben, völlig durcheinanderbringen könnte, die Kräftigen aber lediglich ein wenig mehr erhitzt und sie der Poesie geneigt macht.« Erstaunliche Worte für einen Philosophen: Es lohnt sich, sie einzeln vorzunehmen und ein wenig bei dieser Passage, die wie immer bei Descartes einen ganzen Gedankengang enthält, zu verweilen. Doch bevor dies geschieht, eine Anmerkung in eigener Sache. Die folgenden Überlegungen verstehen sich ganz als lockere Meditationen. Ich werde mir die Freiheit nehmen, sie etwas montagehaft anzulegen, als eine Art Gedanken-Mosaik. Man könnte auch sagen, verschlungen, nach der Art eines Labyrinths. Und es ist dies weniger das Labyrinth meiner Einsamkeit als vielmehr das eines jeden neuzeitlichen Bewußtseins. Meine Frage ist, wie sich in ihm seit fast einem halben Jahrtausend die Poesie der Moderne verbirgt. Wobei ich hinzufügen muß, daß mein Gebrauch des Wortes Moderne die gängigen Periodisierungen streng ignoriert, ich behalte mir eine andere Perspektive vor. Moderne ist, nach meiner Auffassung, ein Phänomen des Ungleichzeitigen, ein Kreuzungspunkt vieler unzusammenhängender Progressionen zu verschiedenen Zeiten, von Entwicklungssprüngen, die nichts miteinander gemein haben als den einen Effekt, über ihren Anlaß hinauszuschießen in eine überzeitliche Sphäre. In dieser Sphäre sind Leute wie Archimedes und Einstein Zeitgenossen. Oder, um in den Breitengraden der Künste zu bleiben, Dichter wie Ovid und Apollinaire, Künstler wie Vermeer und Kandinsky. In der Regel ist Moderne die große Glocke, an die man Errungenschaften hängt, die es lange schon gab.

Also Descartes und sein Verhältnis zur Dichtung. Um es gleich vorwegzunehmen: Ich sehe in ihm den Wegbereiter einer anthropologisch fundierten Poetik. Die These, Descartes habe mit dem Erscheinen seiner Philosophie die Dichtung regelrecht neu belebt, mag überholt sein – noch Ernst Cassierer hatte sie in seiner vergleichenden Studie zu Descartes und Corneille (dem Traktat über die *Leidenschaften der Seele* des einen, der Dramenpsychologie des anderen) untersucht und verworfen. Dennoch zeigen sich zwischen den beiden bestechende Parallelen. Hier wie da herrscht die Vorstellung vom Menschen als einem Uhrwerk aus Emotionen. In Gang gehalten wird es von Leidenschaften, die relativ statisch sind, beinah konfektioniert, gesteuert und korrigiert aber von den Gewichten moralischer Reflexion. Die Mechanik ist, anthropologisch betrachtet, das aufregend Neue daran. Es ist zunächst nur eine technische Zeichnung der psychischen Apparatur, jedoch mit unabsehbaren Folgen für das Menschenbild seither und damit für das, was die Dichter beschäftigt. Wir sind hier weit entfernt von irgendeiner realen Psycholinguistik und neurologischen Sprachtheorie. Vierhundert Jahre trennen uns von Begriffen wie Neokortex oder Spiegelneuronen, der Anfang aber war gemacht, genau hier, mit einer Mutmaßung in der Mitte des siebzehnten Jahrhunderts. Der Philosoph Karl Popper sagt es so: »Wo wir von einem (elektrischen) Nervenimpuls sprechen, spricht Descartes vom Fluß der Lebensgeister. Wo wir von einer Synapse oder synaptischen Umschaltstelle sprechen, spricht

Descartes von Poren, durch die die Lebensgeister fließen können.« Was das alles mit Dichtung zu tun hat, ob es die Vorstellung von dem, was ein Gedicht ist, verändert?

Ich werde später darauf zurückkommen. Im Augenblick genügt
die Behauptung, daß es ein radikaler Bruch mit antiker Auffassung war. Von Temperamentenlehre, stoischer Psycho-Diätetik
ist das alles meilenweit entfernt. In seiner Anerkennung der
Seelen-Dynamik bei gleichzeitiger psychologischer Abstraktion
schießt Descartes über jegliches Ziel hinaus. Die ästhetische
Theorie des Klassizismus, Boileaus *L'art poétique*, hat nur ein-
dämmen wollen, was sich hier andeutet. Im Bild von den Tiergeistern wird Dichten zu einem Spiel mit dem inneren Feuer,
das die Grenzen der Einbildungskraft kühl erweitert. Ein Sur-
realist hätte es nicht gewagter ausdrücken können. Das Ich wird
zum Beobachter im Spiel der Affekte, es nähert sich ihnen wie
einem Kraterrand und schaut konzentriert hinab.

Der Brief an die Pfalzgräfin ist ein Wink aus Früher Neuzeit;
im Kern enthält er bereits eine ganze Theorie zur Imagination
aus hirnphysiologischer Sicht. Die Adressatin sollte getröstet
werden, Descartes schreibt ihr als einfühlsamer Berater. Denn
dieses Edelfräulein war nicht irgendwer, sondern eine treue An-
hängerin seiner Philosophie und eine der klügsten Frauen ihrer Zeit. Ihr, der ältesten Tochter des glücklosen *Winterkönigs*
Friedrich von Böhmen, die seit dem Thronverlust des Vaters im
holländischen Exil lebte, ist eins seiner Hauptwerke gewidmet,
die *Prinzipien der Philosophie* von 1644. Seit ihrer ersten Begegnung in Den Haag (sie war damals vierundzwanzig Jahre alt,
er ein Mann von fast fünfzig) war sie einer seiner wichtigsten
Dialogpartner. Ihr Urteil zählte, ihr jungfräulicher Skeptizismus
stellte seinen Verstand auf harte Proben. Die Korrespondenz

der beiden ist ein schönes Denkmal für das neue Geschlechterverhältnis in der Freien Republik der Geister, schon darum, weil sie den Denker in der Rolle des Edelmanns zeigt. Durch die Rüstung der Logik schimmert eine Courtoisie, die uns die Intelligenzbestie menschlich näher bringt. Fast schon freizügig zu nennen ist etwa das Kompliment, das er ihr auf dem Widmungsblatt macht: »... einer jugendlichen Fürstin, die durch Gestalt und Alter nicht an die gelehrte Minerva oder an eine der Musen, sondern vielmehr an die Grazien erinnert«.

Nun war sie krank gewesen und hatte, ans Bett gefesselt, zu ihrer Zerstreuung Gedichte geschrieben. Der Philosoph, ganz Kavalier, bestätigt ihr das Naheliegende solchen Tuns und verweist auf Sokrates, der es in seiner Haftzeit im Athener Gefängnis nicht anders gehalten habe. Vom Versemachen ist die Rede, der Begriff *Inklination* blitzt auf, er bezeichnet eine gewisse Grundveranlagung, eine Neigung. Ein ganzes Spektrum naturwissenschaftlicher Bezüge eröffnet sich da: von der Geometrie der Kegelschnitte, über die Planetenbahnen der Astronomen bis zur Vermessungskunst der Geometer, die sich dem Erdmagnetismus verdankt, der Abweichung der zitternden Nadel von der Waagerechten, mit einem Wort: Inklination. Auch der Geist, soll das heißen, muß in einem bestimmten Neigungswinkel zur Alltagsbahn stehen, sei es aus plötzlicher Exaltation, von Krankheit aufgewühlt, in Euphorie oder Melancholie. Er muß in Stimmung sein, je nachdem gedrückt oder gehoben, der Körper ein wenig niedergebeugt, wie Dürer es dargestellt hat auf seinem Kupferstich von dem grüblerischen Engel – erst dann kommt der Organismus schöpferisch in Schwung.

Die Langeweile des von der Gewohnheit betäubten Lebens muß unterbrochen sein – durch irgendeine Erschütterung, und sei sie noch so klein, damit die Zeilen zu fließen beginnen. Man kann

Gedichte nicht auf Bestellung schreiben. Der Philosoph spricht in diesem Zusammenhang von einer Laune, aber er meint nicht die *caprice* des neckischen Köpfchens, das seine Einfälle hat, sondern *humeur*, was dem Franzosen soviel wie Gemütsart bedeutete, eine spezifische Stimmung, nicht zu verwechseln mit Humor, dieser gutmütigen, braven Spielart des Geistes. Descartes unterscheidet wie immer genau; und unterscheiden, die Dinge begrifflich zerschneiden war, in gut aristotelischer Tradition, die tägliche Hauptarbeit dieses Denkers. In den *Passions de l'âme* klassifiziert er sechs ursprüngliche Leidenschaften der Seele. Es sind dies Liebe, Haß, Begehren, Freude und Traurigkeit und an erster Stelle Bewunderung, für Descartes der nobelste aller Affekte – wir würden sagen, dem Kantischen Sinn für das Erhabene verwandt. Multipliziert und dividiert ergeben sie Dutzende weiterer Unterarten. So erschließt er, als Resultat von Kreuzungen in fortschreitender Kombinatorik, die Tugenden und die Triebe: Neid und Scham, den Ekel, die Reue und als Generaltugend den Edelmut (la génerérosité). Er definiert die Freude, und es klingt Schillers »schöner Götterfunke« an, wenn es heißt: »eine angenehme Emotion der Seele, die im Genuß des Guten besteht«. Bei ihm gibt es auch die intellektuelle Trauer. Er fragt sich, warum die Neidischen eine bleierne Gesichtsfarbe haben und klärt uns über den Ursprung der Tränen auf – Dämpfe, die von den Augen ausgeschieden werden, analog zu den Dünsten, die als Schweiß aus den Poren der Haut austreten. Über das Zittern sagt er, es habe zwei Ursachen, »die eine besteht darin, daß gelegentlich zu wenige Lebensgeister vom Hirn in die Nerven gelangen; die andere darin, daß es manchmal auch zuviele davon gibt, um richtig die kleinen Durchgänge der Muskeln zu schließen«.
Mit einem Schlag überbietet er alle bisherige Psychologie und krönt sie mit einer dynamischen Theorie der Affekte. Wieder ist

es Physik, die den Empfindungen eine solide Basis verleiht, und dies geschieht, wohlgemerkt, im Zeitalter der *Metaphysical Poets*. Milton und Marvell, George Herbert und John Donne schreiben in England ihre geistigen Meditationen in Gedichtform, während auf dem Festland einer Leib und Seele durch ein System kommunizierender Röhren verklammert, das nichts mehr gemein hat mit den Glaskolben und Kühlschlangen der Alchemistenlabore. Gespeist wird dieser neue Destillationsapparat aus Fleisch und Blut durch die Affekte. Von ihnen muß ausgehen, wer Descartes kühne Theorie vom Versemachen verstehen will. Auslösende Kraft ist die Erregung sogenannter Tiergeister (*esprits animaux*). Diese wunderbar spukhaften Vitalgeister sind eine Erfindung der Ärzte jener Zeit, brauchbar für jede Diagnose, vom schleichenden Fieber zum Wollustanfall bis hin zur Schlaflosigkeit. Zumindest in dieser Form, als umtriebig teuflische Partikel, die mit Besessenheit den Körper durcheilen, erscheinen sie erst wieder bei den späten Romantikern mit ihren Phantasien von Magnetismus und Geisterbeschwörung. Descartes versteht darunter eine gasförmige Absonderung des Blutes, vom Herzen ausgehend, über den Blutkreislauf zirkulierend und wie alle Gase und Dämpfe aufwärtssteigend. In der Zirbeldrüse, einem kleinen Spezialorgan direkt unter der Schädelbasis, das wie ein Zerstäuber funktioniert, werden sie dann in sämtliche Hirnkammern versprüht. Bevor alles schmunzelt: Man bedenke, daß Descartes, selbst ein fleißiger Anatom, das Organ eigenhändig unterm Seziermesser hatte. Das Kuriosum verschwindet, wenn man an seiner Stelle die Hypophyse des Zwischenhirns annimmt, jenes tropfenförmige Gebilde von der Größe des Kerns einer Avocadofrucht. Dann wird aus der drolligen Knolle, dem einzigen unpaarigen Organ im ganzen Schädelrund, die bekannte Hormondrüse, ein Teil des limbischen Systems also, das für Erinnerung, Lernvorgänge und Gefühlssteuerung zuständig ist. Für Descartes war sie der Sitz der Seele.

»Meine Herren, anstatt Ihnen zu versprechen, ich könne Ihre Neugier über die Anatomie des Gehirns befriedigen, lege ich hiermit das Bekenntnis ab, daß dies ein Gegenstand ist, über den ich absolut nichts weiß.« Diese Worte, sie stammen von dem dänischen Anatomen Nicolaus Steno (1638-1686), hätte auch Descartes sprechen müssen, doch glaubte er schon den Durchblick zu haben, wenn er in seiner Abhandlung *De Homine* (Vom Menschen) die Gehirnmaschine erläutert und inmitten dieser speziell jene Drüse. Bei den Tiergeistern handelt es sich um die subtileren Teile des Blutes, winzige Materieteilchen – »wie die Teile der Flamme, die einer Fackel entsprühen«, sagt er –, von denen einige in die Zwischenräume des Hirns, andere in die Nerven und von da in die Muskeln gelangen und derart Reflexion, Reaktion und Bewegung auslösen, wenn auch in umgekehrter Reihenfolge. Der weitblickende Leibniz wird ihnen später den Garaus machen, indem er sie durch das Konzept seiner Monadenlehre ersetzt, in der kein Platz ist für derlei dynamische Wesenheiten.[1] Er wird sie regelrecht austreiben wie etwas gefährlich Irrationales, mutwillige Kobolde, die den geordneten Bau der besten aller Welten nur stören würden. Die Frage, wie die Seele es anstellt, die Lebensgeister in Marsch zu setzen, erklärt er für nichtig mit der Begründung: zwischen Körper und Geist gäbe es nicht irgendein Verhältnis, sondern keines. Man muß einräumen, daß es ihm gründlich gelang, die munteren Fünkchen aus der barocken Körpermaschine hinwegzuzaubern. Etwas, das nur durch Verklumpung zustandekommt, wie Blutplättchen Thrombosen bilden, muß darum, so argumentiert er, längst noch nicht als *reelles* Wesen vorhanden sein. Leibniz geht so weit, die Empfindungen insgesamt für immateriell zu erklären, um die Einheit von Körper und Geist wiederherzustellen. Mit seinen infinitesimalen Exorzismen schlägt er die lichtscheuen *esprits animaux*, die Gespenster in den Gehirnventrikeln, zuletzt in die Flucht. Er opfert sie im Namen dessen, was er die *wohlgeregelten Träume* nennt. Oder mit barocker Feierlichkeit: seine prästabilierte Harmonie des Geistes. Immerhin entschädigt er uns dafür (die Tierschützer können ihm dankbar sein) mit der Einführung einer Tierseele, während die Cartesianer den armen Kreaturen jedes Empfinden rigoros absprachen.

Für Descartes indes war die Sache noch nicht beendet. Sind die Lebensgeister erst einmal am Ziel, können sie dort Gutes wie Schlechtes bewirken, ganz wie es sich für dienstbare Geister gehört. Es braucht nun ein gut gefügtes Gehirn (*le cerveaux bien rassis*), um den Aufruhr im Kopf auszuhalten. Wie es das typische Kältezittern gibt, bewirkt von Furcht oder Trauer, so auch das hitzige Zittern, erregt von brennendem Zorn, beides gleichermaßen schädlich. An dieser Stelle kommt die Unterscheidung zwischen labilen und stabilen Gemütern ins Spiel. Was den einen verwirrt und herunterzieht, dieselbe lebhafte Vorstellungskraft, beflügelt den anderen und macht ihn für die Poesie empfänglich (*disposer à la poésie*). So betrachtet, löst sich die Problematik des Lyrischen, lange vor Dichtern wie Baudelaire oder Mallarmé, auf in die uralte Dialektik von Rausch und Kalkül. Dichtung kann Droge sein und Heilmittel zugleich. Wer ihrer Suggestion standhält, indem er die Lebensgeister wohltemperiert, gehört zur schmalen Elite derer, die man seit Sappho die Dichter nennt, unabhängig von Herkunft oder Geschlecht. »Und ich fasse diese Aufwallung als ein Zeichen eines Geistes auf, der stärker und erhabener ist als der Durchschnitt.«

Ein großes Wort und ein erstaunliches Zugeständnis von seiten der Philosophie, wenn man es recht bedenkt. Der Verfasser weiß, wen er hier vor sich hat – seinen kritischen Engel. Er wendet sich an eine Frau, die ihn durchdringend studiert hat. Tatsächlich beruht ihr ganzer Briefwechsel auf einer Lücke im System, einer Schwachstelle, die Elisabeth früh aufspürte. Descartes' großer Coup, unvergessen und unverzeihlich, war bekanntlich die Entdeckung, daß die Seele, substantiell und prinzipiell, etwas anderes ist als der Körper. Der Gedanke taucht zuerst in den *Meditationen über die erste Philosophie* von 1641 auf. Es ist *sein* Beitrag zur Lösung des Unsterblichkeitsproblems, mit dem die Philosophen sich seit Jahrhunderten herumplagten. Anfangs war es kaum mehr als ein Glied in einer langen Beweiskette, an deren Ende die Existenz Gottes erstrahlen sollte. Später jedoch wurde daraus das gewaltige Orgelrauschen jener Theorie, nach der die Welt in zwei Substanzen zerbrach: die *res extensa* (das Ausgedehnte, die Außenwelt) und die *res cogitans* (Geist und Innenwelt). Wollte man, daß die Seele nach dem Tod nicht mit dem Leib zugrunde ging, mußten beide für alle Zeiten separiert werden. Dies war der Fels, auf dem man die Religion neu begründen konnte, ein quasiwissenschaftlicher Rettungversuch. Und nun Elisabeths unschuldiger Einwand: Wie kann, fragt sie, die Seele, etwas Immaterielles, auf einen Körper einwirken, der ausgedehnt ist und materiell?

Descartes muß ihr die Antwort schuldig bleiben. Er vertröstet sie auf seine *Physik*, ein Werk, das als solches nie geschrieben wird. Sein Versuch, sich unter Hinweis auf die Schwerkraft, die den Körpern eigne, aus der Affäre zu ziehen, scheitert an ihrer Wachsamkeit. Er hat bis dahin nur den Begriff der Schwerkraft. Aber auch eine mathematische Lösung, wie sie Newton mit seinen Gesetzen gelingt, hätte ihn nicht viel weitergebracht.

Von einer Einsicht in Hirnaktivitäten, bei denen geistige Prozesse körperliches Verhalten steuern und umgekehrt, war ohne Kenntnis der Elektrizität nicht zu denken. Insofern und nur insofern blieb sein berühmtes Leib-Seele-Theorem ein bedrohlicher Dualismus. Er war bedrohlich, weil er den Zerfall eines ganzheitlichen Menschenbildes beförderte. Niemand konnte voraussehen, was sich dahinter verbarg. Auch Leibniz begnügt sich mit der lakonischen Feststellung: »Descartes hatte in diesem Punkte, soviel man wenigstens aus seinen Schriften ersehen kann, das Spiel aufgegeben.« Gerade darum aber galt er seither als der große Provokateur, der Erschütterer der alten adamitischen Anthropologie. Kein anderer Denker wurde in den letzten Jahrhunderten so scharf attackiert wie er. Von allen Seiten der Wissenschaft wurde sein skandalöser Dualismus angegriffen, bis Naturwissenschaft selbst ihn stillschweigend ratifizierte, indem sie ihn hinter allerhand komplexen Wechselwirkungskonzepten verbarg. Descartes' Angebot einer Vermittlung war seine Lehre von den Lebensgeistern. Sie waren die Vorhut der heutigen Botenstoffe, Wesen, »die wie die Luft oder ein leichter Wind von den Räumen und Höhlungen des Gehirns ausgehen und durch Röhrchen in die Muskeln fließen«, wie es in der *Dioptrik* heißt. Auch wenn die Vorstellung von etwas bewegend Bewegtem (oder umgekehrt) auf eine Paradoxie hinauslaufen mußte, waren sie doch eine Antwort auf die Frage: Wie kommt der Zufall in ein geschlossenes System? Es war ein Anfang, und für die Poesie hat jeder Anfang etwas Unwiderstehliches.

Wozu die alten Theorien noch einmal? Alles längst überwunden, hört man sagen, wo führt das hin? Nun, es führt nirgendwohin als in die Literatur. Die Frage, die sich hier andeutet, ist die nach dem Zusammenhang der cartesischen Revolution mit den Paradoxien und Problemen der neueren Poesie. Nimmt man Kopernikus als Begründer des heliozentrischen Weltbilds, so ist Descartes derjenige, der als erster den Gegenpol zu diesem Sonnensystem sah: das weltkonstruierende Ich. Wo jener die Sonne in den Weltmittelpunkt setzt, bringt dieser als einzig ernstzunehmende Größe das *Cogito* (sein *Ich denke*) ins Spiel – den Geist als Brennpunkt des Universums. Meine Frage ist nun: Was will man eigentlich sagen, wenn man vom lyrischen Ich spricht? Oder anders: Geht von Descartes womöglich ein Impuls aus, ohne den auch das Ich des Dichters nicht mehr gedacht werden kann?

Es gibt einen Ausspruch des russischen Dichters Ossip Mandelstam, der etwas Elektrisierendes hat. Er findet sich in den Notizen zu seinem Essay *Gespräch über Dante* aus dem Jahr 1933, wo es um die Metapherntechnik des Autors der *Göttlichen Komödie* geht; es heißt da: »Ich vergleiche, also bin ich, hätte Dante sagen können. Er war der Descartes der Metapher. Denn für unser Bewußtsein (und wo ein anderes hernehmen?) offenbart sich die Materie nur über die Metapher, es gibt kein Sein außerhalb des Vergleichs, denn das Sein selber ist der Vergleich.«

Gewiß, es ging Mandelstam ausschließlich um das Prinzip originaler Bildlichkeit, darum, wie Poesie mit Hilfe von Bildern (er nennt sie »Instrumente in der Metamorphose gekreuzter poetischer Sprache«) Natur nicht so sehr abbildet als von neuem schöpft. Dante wird als Befreier aus einer starren, präfabrizierten Bildlichkeit begrüßt. Pünktlich ist mit ihm die antike Konfektion fertiger Abziehbilder, der Trick mit dem schmückenden Beiwort, beendet. Oder anders gesagt: Es ist Dante, bei dem die Bilder laufen lernen und Metaphern zu Variablen werden innerhalb einer poetischen Ontologie. Das Gute an Vergleichen ist, sie lassen sich jederzeit umpolen. Mandelstams Spruch, um 180 Grad gedreht, könnte also lauten: Wenn Dante der Descartes der Metapher war, dann war Descartes – der Dante der Erkenntnistheorie. Ein Philosoph, der wie jeder gute Dichter sein Werk mit Selbstbeobachtung anfing. Bei ihm sagt das Denken, jenseits von Platon und Augustinus, zum ersten Mal wieder *ich*. Mit ihm beginnt die Autobiographie des modernen Geistes. Das Bewußtsein spielt fortan mit eigenen Regeln, Intellekt und Imagination stehen einander nicht länger im Wege. Vollkommen unpassend ist daher die Schmähung, mit der ein Lyriker wie Gottfried Benn den französischen Philosophen bedachte. Vom *Intellektualverbrecher* sprach er, nicht ohne einen gewissen fanatischen Anti-Rationalismus, und wiederholte damit doch nur das sentimentale Vorurteil über den Denker, anstatt in ihm den Geistesbruder zu erkennen. Die eigentliche Pointe war ihm entgangen: daß der Weg ins Reich der Naturwissenschaften über Traumpfade führte. Daß der Methodenlehre, diesem zerebralen Theoriemonstrum, die *Poésie pure* der cartesischen Introspektion vorausging. Was Mandelstam für die Dichtung Dantes in Anspruch nahm, gilt erst recht für eine Erkenntnistheorie à la Descartes. Sie ist selbst nicht Teil der Natur – »vielmehr siedelt sie sich mit einer überwältigenden Unabhängigkeit in einem neuen, außerräumlichen Aktionsfeld an, wo sie die Natur nicht nacherzählt, sondern spielend inszeniert mit Hilfe jener Instrumente, die umgangssprachlich *Bilder* heißen«. Ich werde darauf zurückkommen, hier nur die These: Ich behaupte, man hat im siebzehnten Jahrhundert, auf Descartes' Meßtischblatt eingezeichnet, die neue Figur schon sehen können, jenes Dreieck, das sich aus der Verbindung von Philosophie, Anthropologie und Dichtung ergab.

Halten wir fest: Von einer cartesischen Ästhetik ist nichts bekannt. Noch einmal Cassirer: »Weder in Descartes' Briefwechsel noch in seinen philosophischen Hauptschriften findet sich eine systematische Behandlung von Fragen der Kunsttheorie.« Den Hauptgrund dafür sehe ich in Descartes' intellektueller Redlichkeit, seiner größten Tugend überhaupt, der Urteilsenthaltung in Dingen, die seinem methodischen Denken unerreichbar blieben. Schon aus Prinzip ist er nie der Systembaumeister gewesen, wie sie vor und nach ihm Philosophiegeschichte schrieben. Eine *Poetik*, wie Aristoteles sie gewagt hat, gar eine mehrbändig ausgearbeitete *Ästhetik* wie die Hegelsche wird man bei ihm vergebens suchen. Selbst die verlorengegangene Schrift *Compendium musicae*, die der Zweiundzwanzigjährige verfaßte, nähert sich ihrem Gegenstand streng physikalisch. Es ging darin um Schwingungszahlen, Tonhöhen, Instrumentenbau, aber nicht um Kompositionstechnik.

Und doch sind Descartes' Beziehungen zur Literatur und den schönen Künsten vielfältig und für sein Denken jedenfalls essentiell. Das Kind schon liest sich begierig durch die antiken Dichter. Unterwegs auf Reisen kann der junge Gelehrte Verse des Spätrömers Ausonius auswendig zitieren, er träumt sie sogar. Von den berühmten drei Traumgesichten aus dem Fragment *Olympica*, die sein Biograph nacherzählt, bezeugt eines explizit die Funktion der Dichtung für sein Leben. Man staunt nicht schlecht, wenn man hört, wie das Orakel ihm in Gestalt einer Gedichtzeile erscheint. Ausgerechnet ein Vers wird für ihn schicksalsbestimmend. Er sieht ein Buch vor sich aufgeschlagen, eine klassische Anthologie, und entnimmt ihr die Zeile »Welchen Lebensweg soll ich einschlagen, wenn die Marktplätze voller Aufruhr sind?« (Quod vitae sectabor iter …). Da tritt ein Unbekannter auf und empfiehlt ihm ein anderes Gedicht;

es stammt aus den Idyllen des Ausonius und beginnt mit den Worten »Est et non« – nur läßt es sich in der Sammlung nicht finden. Descartes vermerkt, wie er sich noch im Schlaf an die Interpretation des Traumes macht, bevor sein Geist erneut in die Finsternis eintaucht. Ein Fall von eigenmächtiger Psychoanalyse, könnte man sagen – mehr als dreihundert Jahre vor Freud. Doch das Bemerkenswerte daran: Es ist ein Dichterwort, das hier zum Schlüssel wird, mit dem das Unbewußte sich öffnet. Ein junger Mann am Scheideweg, und was ihm hilft, sein Leben zu ändern, sind ein paar schlichte Verse. Allem Anschein nach war das reine cartesische Ich aus wenig reinen Essenzen zusammengebraut. Es war dieser Zug, der ihn zum Außenseiter stempelte: ein Rationalist, der ohne Visionen nicht auskam. Auch wenn er zum Dichterphilosophen nie taugte, unter den Kognitionskanonen seiner Zunft blieb er der Schöngeist und Belletrist. Die eindrucksvollsten Passagen in seinem *Discours de la méthode* sprechen von den Feinheiten und Süßigkeiten der Poesie und von seiner Liebe zu ihr.

Einem Brieffreund gegenüber, dem Humanisten Guez de Balzac (1597-1654), der ihm postum ein Werk mit dem Titel *Der christliche Sokrates* widmet, schwärmt er vom anonymen Großstadtleben vor wie ein baudelairescher Flaneur. Nur dort in Amsterdam, mitten im Wirrwarr einer großen Bevölkerung, könne man sich ungestört seinen Träumereien hingeben. Demselben Balzac wird, wie unter schriftstellernden Junggesellen, die eigenartige Schlafsucht gebeichtet. In seltsam munterem Ton ist die Rede von denkbar unphilosophischen Vergnügungen, von ausgedehnten Spaziergängen im morgendlichen Schlummer, Herumtreibereien durch Gärten, Buchsbaumgehölz und verzauberte Paläste. Jammerschade, daß von der Künstlerkorrespondenz, Descartes' mit Abstand originellsten Briefen, nur zwei Exempel erhalten blieben. Er pflegte den Umgang mit Musikern, Komponisten und den illustren Satirendichtern, die im Holland seiner Zeit oft noch berühmter waren als ihre Malerkollegen. Es ist denkbar, daß ihm eines Tages, vor seiner Haustür in der Kalverstraat, ein bärtiger Rotschopf mit Samtbarett über den Weg lief, Rembrandt van Rijn, auch wenn die Chroniken dazu schweigen. Besonders zieht ihn das Theater an. Er bewundert Corneille, den Tragödiendichter, und mit fachmännischer Begeisterung liest er, wie dieser in seinen Dramen die Menschenseele in die Spektralfarben des Alexandriners zerlegt. Er weiß, daß die großen Gedichte, die wuchtigen Dramentexte, voller Einsichten stecken, von denen die Theorie profitieren kann. Verbürgt ist sein Plan, selbst eine Komödie zu schreiben im Pastoralstil, ein allegorisches Schäferstück über die Liebe eines gewissen *Alixan* zu seiner *Parthénie*. Umstritten ist dagegen die Legende, er habe am schwedischen Hof, im Auftrag der Königin Christina, selbst zur Feder gegriffen und das Libretto für eine Tanzallegorie zur Feier des Westfälischen Friedens verfaßt. Das Ballett, 1649 am Geburtstag Ihrer Majestät pompös aufgeführt, wenige Wochen vor seinem Tod, trägt den Titel *Die Geburt des Friedens*. Ein Chor stellt die Schrecken des Krieges dar; ruinierte Bauern treten auf, Landsknechte und Kavaliere, man hört das Lied der verstümmelten Soldaten, und darin finden sich die erstaunlich pazifistischen Zeilen: »Wer sieht, wie wir zerschunden / Und glaubt, der Krieg sei prächtig / Mehr wert als Friedenskunden / Der ist im Kopf nicht richtig.«[2]

Sind dies wirklich Ergüsse des nüchternen Descartes? Man hat sie ihm zugeschrieben, doch sein Biograph bezweifelt sie mit der Begründung, derlei Reimereien seien der Vernunftwürde eines Philosophen unangemessen. Außerdem habe er seit vierzig Jahren die dichterische Muse in sich erstickt gehabt. Wie dem auch sei, an seiner intensiven Beziehung zur Poesie ändert das ebensowenig wie die Legende vom geistigen Einsiedler, der zeitlebens nur eine Handvoll Bücher besessen haben soll. Wie groß seine Wertschätzung war, wie neidlos klarsichtig die Vorstellung vom Ingenium, bezeugt Paragraph 9 im Ersten Teil des *Discours*. Descartes wußte genau um den Unterschied zwischen Fleiß und Begabung, und mehr noch, zwischen Wissen und Können. Man hört etwas von Wehmut heraus, und es kommt einem Eingeständnis gleich, wenn es da abschiednehmend und einigermaßen endgültig heißt: »Die Beredsamkeit schätzte ich sehr und war in die Poesie verliebt; aber ich dachte mir, daß beides eher Geistesgaben sind als Früchte des Studiums. Jemand, der den schärfsten Verstand hat und seine Gedanken am besten zu ordnen versteht, um sie klar und verständlich zu machen, kann die Leute am besten von dem, was er vorbringt, überzeugen, selbst wenn er nur niederbretonisch spräche und niemals Rhetorik studiert hätte, und jemand, der die ansprechendsten Einfälle hat und sie am zierlichsten auszudrücken weiß, wird allemal der beste Dichter sein, selbst wenn er von Poetik nichts wüßte.«

So spricht ein Philosoph, der um die Grenzen seines Philosophierens jederzeit weiß. Sein Gespür für das Machbare, das allein von ihm zu Leistende, verdankt sich gerade solcher Wahrnehmung für das schlechthin Andere, das sich ihm entzog. Dabei verlor er, bei allem wilden Forscherdrang, aller Treue zum strengen Geist der Geometrie, nie aus den Augen, was Pascal später, auch darin ihm nacheifernd, die Machart oder Kunstfertigkeit nannte, *la finesse*. Daß dem Begriff etwas Unseriöses anhaften könnte, war ein Verdacht, der dem höfischen Geist dieser Zeit völlig zuwidergelaufen wäre. Der ultrareligiöse Pascal entwirft, stocknüchtern und träumerisch zugleich, das Wunschkonzept einer »Vollkommenheit durch die Anordnung von Worten«. Er fragt sich ernsthaft, ob man nicht die *Schwingungszahl der Schönheit* ermitteln könnte. Solche Vorstellungen von höherer Harmonie sind typisch für die zweite Generation von Barockphilosophen, sie finden sich auch bei Spinoza und Leibniz. Sie sind gewissermaßen die Manier hochbarocker Metaphysik. Für Descartes dagegen, der eben dabei war, erste Naturabläufe in ihrer Dynamik und gegenseitigen Durchdringung zu begreifen, ging es ganz um das Salz der Sache. Er ist noch weit entfernt von der Sehnsucht nach Stabilitäten und Formkonstanten. Funktionalist, der er war, konnte er über Schönheit allenfalls spekulieren. Warum sollte ein universeller Zweifel gerade vor ihr haltmachen? Wie immer pragmatisch, nimmt er auch in diesem Punkt Einschränkungen vor und deutet Schönheit vorsichtig als subjektive Empfindung, abhängig von gewissen Erinnerungen, erfreulichen oder schmerzhaften Erfahrungen. Ein Hund würde, wäre er zu Geigenklängen brutal verprügelt worden, unweigerlich aufwinseln, sobald er nur aus der Ferne Geigenmusik hörte. Was den einen Lust zum Tanzen macht, kann den andern zum Heulen bringen, schließt er daraus.

Man sieht, Descartes' Schönheitsbegriff war nicht frei von Tükken. Daß er ihn ausgerechnet am Beispiel der Musik ad absurdum führt, spricht Bände. Sicher gab es so ewas wie den Goldenen Schnitt in allem – den idealen Akkord, einen Perlmuttglanz, einen gelungenen Alexandriner, der darüber bestimmte, was wir als schön empfinden – nur ließ seine Wirkung sich im Ich jederzeit brechen. Hier wie in allen anderen Dingen war das Ich die letzte Instanz, die immer noch einen Strich durch die Rechnung machen konnte.

Soviel aber galt auch für ihn als ausgemacht: daß man wohl Mathematiker, Physiker, aber schwerlich Philosoph sein konnte, ohne ein guter Schriftsteller zu sein. Es gehört zur Systematik seines Denkens, daß er sich beim Schreiben selbst beobachtete. Sein Sinn für die Feinheiten der Ausdruckskunst war früh schon entwickelt. Heute, rund vierhundert Jahre nach seinem Erscheinen, läßt der *Discours* sich in Ruhe als literarisches Meisterwerk lesen, und sein Verfasser gilt als großer Stilist. Für den Dichter Paul Valéry ist es vor allem sein Beitrag zur französischen Kunstprosa, der Descartes unsterblich macht. Mag auch der Titel etwas umständlich klingen, in bester Barockmanier – *Von der Methode des richtigen Vernunftgebrauchs und der wissenschaftlichen Forschung*, allein mit dieser Schrift, 1637 anonym in Leiden gedruckt, wäre ihm sein Platz in der *Bibliothèque de la Pléiade* sicher gewesen. In ihr ist, mehr als einmal, von der Poesie die Rede, und ausdrücklich wird da bestätigt, daß es der Einfallsreichtum der Fabeln sei, der den Geist erweckt.

Publizistisch war es ein Krieg, ein jahrelanger Stellungskrieg, auf den Descartes mit seiner neuen Lehre sich einließ. Die rechte Bewaffnung dazu lieferte ihm sein geschliffener Stil, eine schlagkräftige Mischung aus Sachlichkeit und persönlichem Tonfall. Mit ihm müßte beginnen, wer eine Biographie dieses Denkers schreiben wollte, die hinausgeht über ein ideengeschichtliches Einmaleins. Descartes' Stil ist es, der die meisten Einwände gegen sein Denken überlebt hat. Die vielfach geäußerten Plagiatsvorwürfe sind Sache der Wissenschaftsgeschichte (und werden dort entsprechend scharf kommentiert)[3], sein Stil aber gehört zur Geschichte der französischen Literatur. Als er das Manuskript seines zweiten Werkes (*Meditationen über die erste Philosophie*) den Utrechter Freunden vorlegt, mahnt er vor allem eines an: Sie sollten den Schreibstil überprüfen. Der Inhalt, Beweise für die Unsterblichkeit der Seele und die

Existenz Gottes, mochte links liegenbleiben, ihn interessiert ihr ästhetisches Urteil.

Oberstes Gebot war ihm, eine Abhandlung so zu schreiben, daß man allein an der Sprache Vergnügen empfände. Die lebendige innere Rede ist das Erkennungszeichen des freien Geistes, eine Leistung, die niemand ihm streitig machen kann, auch seine schärfsten Kritiker nicht. Allein die *Pensées* seines Konkurrenten Pascal kommen ihm darin gleich, nur waren diese nie zur Veröffentlichung bestimmt. Zeitgenossen kannten nur den Verfasser der *Briefe in die Provinz*, einer raffinierten Streitschrift mit verteilten Stimmen, ein Meisterwerk pamphletistischer Prosa. Pascal, der Philosoph, der den Vatermord nicht mehr brauchte, weil sein Leben Gott geweiht war, verstummte schließlich in Klosterstille und selbstauferlegtem Schreibverbot. Von Leibniz, dem Überwinder des Cartesianismus, ist wenig Vergleichbares überliefert. Immerhin träumt er davon, das Deutsche dem Vernunftgebrauch zugänglich zu machen, ihm Scharfsinn und zarte Empfindlichkeit des Lateinischen zu geben. Nur in den Briefen, vor allem den französischen, blitzt hier und da eine Degenklinge, die an den Vater des Autonomiegedankens erinnert. Der Stil des Descartes springt einem vom ersten Moment an entgegen. Europäisch an ihm, chevaleresk, ist sein raumgreifender Freiheitssinn, sein gesteigerter Bewegungsdrang. Es ist eine neue, nie zuvor dagewesene Souveränität, die sich in der entwaffnenden Offenheit ausspricht, mit der er Sätze hinschreibt wie diesen: »Deshalb werde ich gezwungen sein, so zu schreiben, als spräche ich von einem Thema, das keiner vor mir behandelt hat.«

Man muß hierzu einen Muttersprachler hören, am besten Paul Valéry. »Eine selbstbewußte und geläufige Sprache, der es weder an Stolz noch an Bescheidenheit fehlt, macht uns die allen denkenden Menschen gemeinsamen Willenskräfte und Einstellungen so faßbar und beachtenswert, daß das Ergebnis weniger ein Meisterwerk der Ähnlichkeit oder der Wahrscheinlichkeit ist als vielmehr eine wirkliche Gegenwärtigkeit, die sich sogar aus der unsrigen speist.« Ich weiß noch, wie entzückt ich war beim allerersten Lesen des *Discours*, hingerissen zugleich und ermutigt. Hier sprach tatsächlich einer der *Unsrigen*, eine Stimme, die mühelos nationale und religiöse Grenzen überwand, einzig fixiert auf die des Geistes. Descartes war der moderne Mensch par excellence und insofern ein Zeitgenosse, eine Figur von unendlicher Anziehungskraft für den Dichter. Seit den Tagen des heiligen Augustinus hatte es keinen so klaren intellektuellen Bekenntniston mehr gegeben. Kann es sein, dachte ich, daß eine Spur autobiographischer Wahrheit blitzartig die ganze Philosophiegeschichte erhellt? Für Valéry stand dies außer Frage. Einen modernen Roman hat er die berühmte Programmschrift genannt (in einem Brief an André Gide 1894). Der verwegene Coup dieses Manifests: Es ist im Grunde kaum mehr als ein Vorwort, bestimmt für ein fachfremdes Publikum, und dann wird, was aussieht wie ein weiterer trockener Traktat, zum folgenreichsten Bildungsroman der Neuzeit. Es ist der Bericht einer Expedition in die innersten Regionen des Geistes, gegliedert in sechs Kapitel, keines mehr als 14 Abschnitte lang, ein philosophisches Abenteuerbuch.

Zweck der cartesischen Denkübung ist die Destillation eines hundertprozentig reinen Ichs. Zu zeigen, daß dies nicht gelingen konnte, war Aufgabe aller Philosophie seither. Wie hinter jedem A priori des Geistes ein weiteres A priori lauert, hat Edmund Husserl dargelegt in seinen *Cartesianischen Meditationen*. Kritischer Betrachtung erscheint das Ich selbst als das ungeheuerlichste A priori, in einem infiniten Progreß sich selber unerreichbar und unerschöpflich. Descartes aber ist, was oft verkannt wurde, auch in diesem, seinem zentralen Punkt – Pragmatiker. Auch wenn es ein essentiell reines Ich nie geben wird (die Physik kennt das Problem als Dilemma vom sogenannten Beobachterstandpunkt, der das Beobachtete zwangsläufig modifiziert), so hat er mit seinem *Cogito* doch die Basis gelegt, ein Sprungbrett für die Erfahrung. Es ist dieses Ich, das Sätze der Erkenntnis bilden und aus inneren Bildern auf dem Weg der Transzendentalanalyse eine äußere Welt erkunden und schaffen wird. Mit ihm kommt, nach Husserl, ein neuartiger Subjektivismus in die Welt, der Objektivität nicht nur vom Hörensagen kennt, sondern selber hervorbringt und begründet. Doch ist dieses Ich, aus der Sicht des Phänomenologen, längst noch nicht rein und transzendent genug. Anstatt sich in pure Spiritualität aufzulösen, beharrt es widersprüchlicherweise auf seinem potenten Kern. Ein Kobold ist es, mit dem Namen *substantia cogitans* (denkende Substanz) – ein wahres Oxymoron.[4]

Es hat darin eine gewisse Ähnlichkeit mit einer anderen Erfindung, die man Descartes zuschreibt und die sich bei Kindern einst großer Beliebtheit erfreute. Man sieht sie manchmal noch in Souvenirgeschäften und altmodischen Spielzeugläden. Ich meine jenen Springteufel in der Flasche, bekannt als der *Cartesische Taucher*, den man durch Druck zum Grund des Gefäßes befördert, der aber immer wieder nach oben schnellt, sobald man den Gummistopfen auf der Flaschenöffnung losläßt.[5] Genau wie dieser ist auch das Cogito-Ich einfach nicht unterzukriegen. Man begegnet ihm überall, wo Vernunft den Alltag regelt. Immer wieder treibt es hinauf an die Oberfläche der Erscheinungen. In jedem Aussagesatz springt es über kurz oder lang aus seiner grammatikalischen Deckung hervor. Widerspenstig wie es ist, wenn auch ohne Hörner und Hufe, bleibt es doch immer Charakterding, unschlagbar, ein Teil der Substanz. Descartes habe so getan, als ob wir in unserem apodiktischen reinen Ego ein kleines Endchen der Welt gerettet hätten, heißt es in den *Cartesianischen Meditationen*. Es ist Husserl, sein wichtigster Fortdenker unter den Philosophen des zwanzigsten Jahrhunderts, der dem Spingteufel den Garaus macht und ihm zum Dank die traurigste Grabrede hält.[6]

Doch zurück zum *Discours*. Ein Standbild des Geistes hat Paul Valéry diese Schrift genannt. »Sein Denkmal ist jener *Discours*, der wie alles, was genau geschrieben ist, so gut wie unzerstörbar ist.« Und doch nichts weiter ist als ein schlichter Monolog im Bekenntniston, könnte man dem entgegenhalten, geschrieben mit einer seltsamen Leichtigkeit, die bequem ausspricht, was gesunder Menschenverstand sogleich als das seine erkennt. Etwas von der Seelenruhe des Lebensrückblicks liegt darin, ein Hauch Augustinus, Marc Aurel und natürlich Montaigne. Dabei war sein Verfasser gerade mal vierzig Jahre alt und kaum mehr als ein Geheimtip. Kaltblütig stellt er sein Ich in den Mittelpunkt der Betrachtung, als müßte es jedermann ein Begriff sein. Er verhält sich darin ganz wie die Dichter. Denn was tut der Dichter? Er nimmt seine Existenz als exemplarisch und präsentiert sie vor großem Publikum. Nicht die zufällige, privatidiotische, den geschwätzigen Familienteil, sondern sich selbst als Vertreter der Spezies Mensch. Er setzt, Allgemeingültigkeit und Einzigartigkeit auf die Spitze treibend, auf den Wiedererkennungswert seines Lebens. Genau das tut auch Descartes, wenn er als Philosoph in der ersten Person Einzahl zu sprechen beginnt, mit einer fast kindlichen Selbstverständlichkeit. »Ich befand mich damals in Deutschland, wohin mich der Krieg, der dort noch nicht beendet ist, gerufen hatte.«

Nie zuvor hat jemand die Philosophie so umstandslos zu seiner persönlichen Sache gemacht, als habe sie all die Jahrhunderte gerade auf ihn gewartet. Mit einer poetischen Dreistigkeit sondergleichen erklärt er, daß mit ihm eine neue Zeitrechnung beginne, der Abschied von allem bloß überlieferten Wissen, der Bruch mit einer Tradition, die von Aristoteles bis in die jüngste Scholastik reichte. Allein die Unverschämtheit des Unternehmens wäre eines Dichters schon würdig gewesen, das beste daran aber ist: Der Coup ist ihm völlig geglückt. Descartes gilt heute allgemein als Verkörperung einer Zäsur. Er ist der geistige Herkules, der bei seinem Aufrichten das Gewölbe zum Einsturz brachte. Mit ihm beginnt das große Aufräumen in den Labyrinthen und Spiegelsälen der Metaphysik, das Ausmisten der Ställe, in denen die Basilisken der Theologie noch immer hausten. Der Neubeginn wird auf den Moment datiert, da dieser eine die schweren Folianten zuklappt, den Staub von zwanzig Jahrhunderten fortbläst, aufsteht und sagt *Ich denke – also bin ich*. »Es gab keinen besseren Europäer als unseren intellektuellen Helden, der so mühelos kam und ging«, bestätigt Henri Bergson. Und Descartes selbst spricht das Erfolgsgeheimnis offen aus, wenn er erklärt – »daß Werke, die aus mehreren Stücken bestehen und von der Hand verschiedener Meister stammen, häufig nicht so vollkommen sind wie Arbeiten eines einzelnen«. Damit war die Katze aus dem Sack: Alles Zusammengetragene, aus Lesefrüchten Kompilierte und Arrangierte ist nichts gegen das Werk eines einzigen lebensklugen Autodidakten: der Mensch und sein Buch wie aus einem Guß.

Das Bestechende an dieser Logik war ihre Einfachheit und Geradlinigkeit, dieselbe, die auch sein Leben auszeichnete. In diesem Sinne hat sein Biograph Baillet recht, wenn er zusammenfaßt: »Vita Cartesii res simplicissima est«. Und es überrascht nun auch nicht mehr, wenn ein Dichter diesen Ausspruch übernimmt, als Motto zu einem der folgenreichsten Prosastükke der Moderne: Paul Valéry in seinem *Monsieur Teste*. Ohne das Beispiel Descartes', so hat er später eingeräumt, wäre aus ihm niemals der Autor geworden, der er ist. Gemeint war der Schriftsteller als Erkenntniskritiker, der dem Versdichter einen Strich durch die Rechnung macht; ein Skeptiker der Musen, gewillt, seinen gesamten poetischen Kronschatz herzugeben für eine neue Wissenschaft vom Selbstbewußtsein. An seinem Werk (wie später an dem Samuel Becketts) zeigt sich der Einfluß des Cartesianismus auf die literarische Moderne am reinsten.

Jeder weiß von des Philosophen Liebe zur Mathematik, aus der alles weitere folgte. Der Laie verbindet mit dem Namen Descartes (in dem das französische *clarté* deutlich mitklingt) die Vorstellung von logischer Strenge, kaltblütigem Ordnungssinn, rasiermesserscharfem Verstand usw. Jedes Lexikon hält seinen Steckbrief bereit: erster systematischer Denker der Neuzeit, Vertreter einer mechanistischen Weltanschauung, Mitbegründer der Analytischen Geometrie, überzeugt davon, daß alle Naturerscheinungen rational faßbar sind. Erwähnt werden Leistungen auf den Gebieten Physik, Astronomie, Erkenntnistheorie und Medizin, sein Ideal eines wissenschaftlich exakt zu beschreibenden Universums. Das ist das Phantom, das man vom Kreuzworträtsel her kennt. Wer aber weiß schon, daß sich in dieser Karikatur eine Seele verbarg, in der Platz war für etwas so Irrationales wie Versdichtung und Lautenspiel?[7] Der Versuch, Descartes zu verstehen, kommt der Einführung in eine versunkene emblematische Welt gleich. In ihr liegt der Grundriß zu unserer modernen technischen Intelligenz. Wer aber war der Mann, in dem sie zu einem Lebenssinnbild gerann?

Hier der Versuch einer menschenfreundlicheren Skizze. René Descartes, 1596 in La Haye an der Loire geboren, 1650 in Stockholm gestorben, Sohn eines Landadligen und einer Generalleutnantstochter, war zeitlebens ein guter Katholik.[8] Es heißt, er sei bei Frauen beliebt gewesen und habe ihre Unterhaltung oft der mit Gelehrten und akademischen Langweilern vorgezogen. Er wollte gern, daß man sich an ihn erinnert. Ob er tatsächlich ein gesteigertes Bedürfnis nach Frauen hatte, sei dahingestellt, ein sympathischer Zug bleibt es allemal. Man muß nicht zwangsläufig an Cyrano de Bergerac denken beim Anblick dieser kräftigen Nase, ganz unsinnlich aber kann der Mann, den ein Gemälde überliefert hat, nicht gewesen sein. Die traurigste Episode ist die seiner kurzen Vaterschaft und vom Tod der offenbar innig geliebten Francine im Alter von fünf Jahren. Sie war sein uneheliches Kind, gezeugt mit der holländischen Haushälterin, deren schlichter Name uns gottlob überliefert ist, sie hieß Helena Jans. Es ist nicht ohne Komik, wenn man liest, wie sein zweiter Biograph (Adrien Baillet) sich über den ersten (Pierre Borel) empört, weil dieser in ihm den Heiligen verkannte. Wahr ist, daß er von Jugend an einen Faible für schielende Mädchen hatte, so sehr, daß der Anblick verirrter Augen jedesmal die Leidenschaft der Liebe in ihm weckte, wie er sich in rührender Selbstanalyse als Erwachsener eingestand. Als Kind war er oft krank gewesen. Die Mutter starb bald nach der Geburt an Tuberkulose, von ihr hat er den trockenen Husten und die blasse Hautfarbe geerbt. So wuchs er, vom Vater in weibliche Obhut gegeben, als kleiner Prinz auf, umsorgt und verwöhnt und, wie er selbst rückblickend sagt, mit Büchern gesäugt. Seiner Amme vergalt er den Dienst, indem er ihr aus Dankbarkeit bis ans Lebensende eine Leibrente auszahlte. Die besondere Fürsorge scheint sich bis in die Schulzeit fortgesetzt zu haben, am Collège

Royal in La Flèche, wo ihn die Jesuitenpatres, aus Rücksicht auf seine schwache Gesundheit, ganze Vormittage im Bett ausruhen ließen, eine Angewohnheit, die er zeitlebens beibehielt, und dies nicht nur bei schlechtem Wetter und im Winter. Nachdem er alles gelernt hat, was auf einer Schulbank zu lernen ist, zieht er hinaus in die Welt, wechselt, und das ist typisch für ihn, das Genre und widmet sich ganz der Reitkunst und dem Fechten. Leider verlorengegangen ist eine kleine Schrift über die Fecht-kunst aus dieser Zeit; sie könnte bezeugen, daß er alles, was er tat, gründlich tat. In Paris stürzt er sich monatelang ins Glücks-spiel, systematisch auch darin, bis ihn die Begegnung mit dem Priester und Mathematiker Marin Mersenne (1588-1648) auf den rechten Pfad zurückbringt. In ihm findet er seinen treuesten Gefolgsmann, einen Vertrauten und Berater, der ihn mehr als drei Jahrzehnte lang über alles informieren wird, was sich in der Gelehrtenwelt abspielt. Von nun an taucht er in eine Sphäre, in der es um Primzahlen geht, Festungsbau und ferne Gestirne. Er zieht in den Krieg, durchquert halb Europa im Sattel, nimmt teil an der Schlacht um Prag, kommt mit den Rosenkreuzern in Berührung und demissioniert schließlich, kurz nach Ausbruch des Dreißigjährigen Krieges. Anlaß ist sein Bekehrungserlebnis in einem Winterquartier bei Ulm, von dem im *Discours* die Re-de ist. Einige Heimatbesuche, ein Seeabenteuer[9] vor der friesi-schen Küste, eine Wallfahrt nach Rom und Loreto, flüchtige Aufenthalte an verschiedenen europäischen Fürstenhöfen, dann läßt er sich dauerhaft in Holland nieder, wozu eine Erbschaft ihm verhilft. Fortan lebt er zurückgezogen abwechselnd auf dem Lande oder in Amsterdam. Es ist weniger das Exil, eher eine Art kompliziertes Versteckspiel, das ihn mit wachsendem Ansehen an die Vereinigten Provinzen der Niederlande bindet. Descartes ist der notorische Menschenflüchter, immer auf größtmögliche

Distanz zu seinen Nachbarn bedacht. Nichts ist diesem Cogito kostbarer als sein Inkognito – und Holland der ideale Unterschlupf, weil hier zur Anonymität in der Fremde eine geistige Freiheit hinzukommt, wie es sie außerhalb der Generalstaaten nirgends sonst in Europa gibt. Hätte er nicht den tödlichen Fehler begangen, sich von da weglocken zu lassen, nach Schweden und dazu noch im Winter, er wäre vermutlich sehr alt geworden in seiner beschaulichen Einsiedelei in der Grafschaft Egmond. Sanftmütig gegen jedermann, ein bescheidener, äußerst geistreicher Gesprächspartner, dem sein enormer Ruhm nie zu Kopf gestiegen ist, so halten die Zeitgenossen ihn fest.

Wie er aussah, wissen wir. Ein Jahr vor seinem Tod malt kein geringerer als Frans Hals ihn in Haarlem im Auftrag eines Privatmannes, das Bild hängt heute im Louvre. Es ist ein einzigartig lebendiges Portrait, das lange als Nachbild im Gedächtnis bleibt. Man erblickt einen kleinen Mann, dem Mutter Natur ein verschmitztes Gesicht geschenkt hat. Mit seinen hochgezogenen Augenbrauen, der breiten Stirn, den grauschwarzen Kugelaugen und der großen fleischigen Nase erinnert er tatsächlich entfernt an ein Murmeltier, das soeben aus seiner Höhle hervorgekrochen ist. *La marmotte* war sein Spitzname, der morgendlichen Gewohnheit wegen, noch lange sinnend im Bett liegenzubleiben, und so erschien er den Freunden: als ein Wesen, das etwas Gutmütiges, Verträumtes und dabei doch äußerst Bestimmtes, Hellwaches ausstrahlte. Eine besondere, beinah dandyhafte Marotte waren seine Perücken, er besaß davon mehrere, die er sich eigens in Paris anfertigen ließ, jede mit einem anderen Haarschnitt. Und so, adrett frisiert und mit schmalem Oberlippenbärtchen, hat ihn Frans Hals, der Meister des Seitenblicks, uns überliefert. Das Gemälde, ein Jahr vor seinem Tod entstanden, zeigt ihn, gekleidet nach der zeitgenössischen Mode, in einem graubraunen fledermausartigen Umhang, ganz *Honnête homme*. Verbürgt ist sein Hang zum Sich-Maskieren, im übertragenen Sinne freilich, ohne Mummenschanz und Verkleidung, aber mit dem gewissen Etwas, das seinen Auftritten ein theatralisches Flair gab – auch dies ein Zug, wie er den Dichtern zueigen ist. Die schlichte Eleganz seiner Kleidung, seine Vorliebe für abgeschiedene Wohnorte, seine plötzlichen An- und Abreisen, alles trug zu der auffällig unauffälligen Erscheinung bei. »Larvatus prodeo« (Mit einer Maske trete ich hervor) war sein Wahlspruch, mit dem er den Leser früh bereits vor sich warnte. Derselbe Hang zu Versteckspiel und Mystifikation verläßt ihn auch in den ernstesten Angelegenheiten nicht. Er schätzte die Täuschung und Tarnung, und seine größte Sorge war nur ein Gott, der uns ein Leben lang hinters Licht führt. »Wie ein Schauspieler, maskiert, betrete ich die Bühne der Welt. Es ist die Aufgabe des maskierten Schauspielers, die Wissenschaften zu demaskieren, um ihre Ewigkeit, Einigkeit und Schönheit zu zeigen.« Sein Kopf, von einem breiten weißen Kragen hervorgehoben, ist dem Betrachter zugewandt, der Blick zielt über die rechte Schulter und geht mühelos aus jedem Duell als Sieger hervor. Etwas grotesk, wie abgetrennt, wirkt lediglich die Hand, sie hält, anatomisch nicht ganz korrekt, etwas Rundliches, Dunkles umfaßt, das Negativ eines Heiligenscheins, vermutlich den Hut aus Biberpelz, den sein Biograph als Accessoire eigens erwähnt, neben der Schärpe und dem stattlichen Säbelgürtel. Hier nun die Szene, wie sie sich, aus der Sicht eines Augenzeugen, des Portraitierten selbst, damals abgespielt haben könnte.

Mit freiem Pinselstrich

Für Peter Wapnewski

Frans Hals, Frans Hals? Der Name sagt ihm irgendwas.
In aller Munde, seit Herr Rubens starb, ist der. Nur einer,
Der aus der Breestraat sticht ihn aus: Rembrandt van Rijn.
Die Malerei – ein Handwerk heut mit goldnem Boden.
Manch Kleckser lebt auf großem Fuß, mit Knecht und Koch,
Im Atelier mehr nacktes Fleisch als im Serail ein Scheich.
Es wurmt ihn schon. Dieselbe Optik, trockenste Physik –
Durch dieses Loch besehn, in der obskuren Kammer
Wird draus Magie. Ein Kunststück, das die Lust entflammt
Und für Verblüffung bürgt, Profit, bei Frauen Glück.

Der Forscher staunt. Was kein Traktat *Vom Licht* je schafft,
Hier leuchtets ein, selbst Amateuren. Zufall oder nicht –
Aus Holland kommt, taufrisch, die neue Meisterschaft,
Dank des besonderen, von Seeluft aufgeklärten Lichts.
Was nichts besagt. Denn stand nicht allerorts der Sinn
Nach Augentrug? Für sichtbar galt jetzt, was sich fängt
Im Strahlennetz und per Distanz zum Bild gerinnt.
Im Schädel herrscht, kaum war der Raum erst ausgerenkt,
Ein andres Maß für klein und groß und nah und fern.
Die Technik machts. Sie fügt, was Augen gern verzerrn.

»Monsieur, schaut her. Ich muß doch bitten, Disziplin.
Mir scheint, Ihr seid nicht bei der Sache. Das erschwert
Die Arbeit sehr. Nur Mut, Freund Demokrit, sagt laut,
Was Ihr so denkt.« Der Künstler lacht. Schon packt er ihn
Am Hals, sein Charme. Er reißt (erinnert an ein Pferd)
Die Augen auf, und von der Leinwand, graugrün, schaut
Sein Ebenbild, putzmunter, durch die dicke Schicht

Aus Farbenbrei. – Als wäre Zeit ein Brunnenschacht …
Descartes begreift. Der Mensch ist eins. Sosehr entspricht
Sein grober Strich den schiefen Zähnen, wenn er lacht.

Er reckt sich auf. Sein Blick, wenn er jetzt standhält, bohrt
Vielleicht sich tief in ferne Zukunft. Und, wer weiß,
Ein Herz wie seins, noch ungeborn, fühlt sich gemeint.
Portraitkunst hieß nun: Schluß mit Schauspiel und Dekor.
Der Fleischton, fahl, da auf der Stirn die Tröpfchen Schweiß,
Nur darum gings. Dies Etwas, mit sich selbst allein:
Persönlichkeit – Charakter – Geist. Nennts, wie ihr wollt.
Das, was die Haut inwendig färbt und wäßrig glänzt
Da unterm Lid, im Kinn zuckt, auf den Lippen schmollt.
Der Hauch von Psyche, leicht von Empathie ergänzt.

Nur zum Vergleich: Dreimal wird er im selben Jahr gemalt,
Der Philosoph. Doch wer er hinter allen Masken war,
Zeigt uns nur Hals. Dies Bildnis hat ein Freund bezahlt.
Variante zwei: der Diplomat im Geisterreich, unnahbar.
Ein Auftragsbild, bestellt von Königin Christina. Ein Beleg
Für Totenkult zu Lebzeit. Das Modell erweckt
Im Maler neu die Religion. Der schwärmt, bewegt,
Von »Sankt Cartesius«. Gott befohlen, David Beck.
Variante drei: Le Docteur Faust. Müd, aufgedunsen, fett.
Ein Sittenbild. *Der* Kerl, fürwahr, kroch spät aus seinem Bett.

Jan Weenix hat ihn so gemalt, ein abenteuerlicher Mann,
Der ihm nicht übel wollte. Dennoch, wenig schmeichelhaft,
Die Haare strähnig, wie verkatert sieht er den Betrachter an.
Fast hört man Hamlet: »Ich gedenke einen langen Schlaf …«
Gut möglich, daß der Künstler ihm im Atelier die Stunden
Verkürzte im Gespräch. Daß man sich gut verstand.
Derselbe Habitus – zwei unberechenbare Vagabunden,

Die gerne untertauchten, plötzlich, ohne Abschiedswink.
Descartes, komplizenhaft, hält sein Geheimnis in der Hand:
Ein offnes Buch, sein Titel »Fabula«. Und keiner zwinkert.

»Kopf hoch, Monsieur!« – Der ihn ermahnt so, rüde, klotzt
Variante eins hin: *Ecce homo*. Quicklebendig, sprühend
Vor Energie. Er quirlt, ganz Geistesgegenwart und Trotz,
Ein Menschenbild aus Fleisch und Blut. Bar jeder Mühe,
Zeugt Malkunst hier von einem singulären Ich.
Der Teufelskerl – gleich fiel er mit der Tür ins Haus.
Aus jeder Falte Eigensinn zieht, grob, sein Pinselstrich.
Den Blitz im Antlitz zeigt er und die Leber samt der Laus.
Das nennt man Fliegenklatschen. Patsch! Vom Lichtreflex
Erwischt, so kennt die Welt ihn: *Philosophus Rex*.

»Monsieur, verzeiht. Ich will Euch nicht zu nahe treten.
Denkt an mein Wort: nicht dort sitzt Ihr auf Eurem Thron.
Hier seid Ihr, hier bei mir!« – Die Leinwand als Magneten,
Der Zeit anzieht, sich vorzustellen ist er nicht gewohnt.
Der Mann in Schwarz gehorcht. Er wendet sich ihr zu,
Der Staffelei. Der Reihe, unabsehbar, seiner Interpreten.
He, Nachwelt, denkt er, unbekannte, gib schon Ruh.
Und ahnt sein Bild, verwässert in den Wellenwirbeln Lethes.
Fühlt sichs so an? Vom Leib befreit, immateriell …
Bald ist er tot, ein Name nur. Frans Hals, macht schnell.

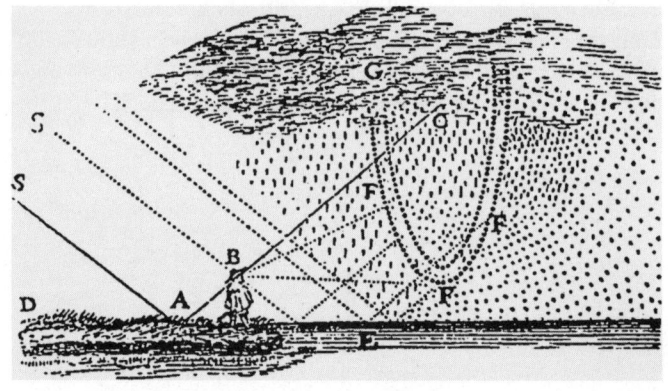

Schule der Autopsie

1 Die Bibliothek des Descartes

Es gibt ein Gemälde Rembrandts, das diesen, bei allem scheinbaren Realismus, zu einem Vorläufer der Expressionisten macht. An einem Holzgestell festgezurrt, hängt da ein geschlachteter Ochse mit offenem Brustkorb kopfunter, nur ohne Kopf. Die gedrungenen Hinterbeine sind derart weit gespreizt, daß sie auf den ersten Blick menschlichen Armen gleichen, die man in solcher Position irgendwo schon einmal gesehen hat. Man kann annehmen, daß ein so sehr auf Bibelmotive spezialisierter Maler wie Rembrandt sich die Anspielung nicht entgehen ließ, die um so schrecklicher wirkt, als hier neben den üblichen Brauntönen, erdigen, lehm- und kartoffelfarbenen Tönen, in der ihm eigenen groben Malweise dieser Jahre das fahle Weißgelb des geschundenen, breiartig aufquellenden, blutunterlaufenen Fleisches den stärksten Akzent setzt. Durch eine Fensterluke im Hintergrund späht eine Küchenmagd in den Raum; ihr Gesicht etwas unterhalb der mächtigen Ochsenkeule erinnert verstörenderweise an ein Madonnenantlitz. Rembrandt hat das Bild in einer Zeit großer persönlicher Krisen gemalt, der Bankrott brach durch die Tür, der Tod der geliebten Frau und einiger Freunde hatte ihn einsam zurückgelassen, die Verzweiflung nahm zu, und damit sein Stolz, seine Würde, sein Trotz. All das sieht man in diesem Schlachtvieh ausgedrückt.

Etwa zehn Jahre bevor das Gemälde entstand, spielte sich in dem kleinen Ort Egmond im Norden Hollands eine Szene ab, die manches mit dem hier Dargestellten zu tun hat. Ihr Hauptakteur war ein Mann, der lange Zeit Rembrandts Nachbar in Amsterdam gewesen war, setzt man voraus, daß es in einer Stadt wie dieser, die sich wie ein einziger Fächer entlang ihrer Grachten öffnete, nennenswerte Entfernungen kaum gab. Der Gedanke, der Philosoph Descartes wäre eines schönen Tages dem Maler Rembrandt auf der Gasse begegnet, bei sich in der Kalverstraat oder bei ihm in der Anthoniesbreestraat oder an sonst einer Ecke dieser überschaubaren Hafenstadt zwischen Amstel und Ij, ist zu unwiderstehlich, als daß er die Phantasie nicht beflügeln würde. Im Laufe der zwanzig Jahre, in denen er Amsterdam immer wieder besucht und dort wohnt, ist ein solches Aufeinandertreffen mehr als wahrscheinlich. Doch die großen Geister, nicht anders als die kleinen, leben in ihren eigenen Welten, und wenn sich auch ihre Wege kreuzen, so weiß doch der eine oft nichts vom andern. Die Begebenheit, um die es hier geht, erlaubt indes eine Annäherung – gewissermaßen durch die Hintertür –, die davon ganz unberührt ist. Descartes ist in einer völlig anderen Situation, ihn treiben handfestere Interessen an. Ein adliger Besucher wird später herumerzählen, wie er den prominenten Einsiedler auf dem Land aufgespürt habe und ihn bat, ihm seine Bibliothek vorzuzeigen. Auf die Frage nach einigen Standardwerken zur Physik und Anatomie, führt dieser ihn durch seine Behausung, zieht irgendwann einen Vorhang beiseite, hinter dem ein Kalb lag, an dem er gerade sezierte, und verblüffte seinen aufdringlichen Gast mit den Worten: »Hier, lieber Herr, sehen Sie meine Bibliothek.«

2 Körpermaschinen

Gewiß, die Geschichte ist aus jenem Stoff, aus dem die Heiligenlegenden gestrickt sind. Etwas daran verbindet sich aber mit einem Motiv, das bei Rembrandt beharrlich wiederkehrt und ihn so sehr gefesselt haben muß, daß es zu einigen Schlüssel-werken Anlaß gab. Was ein Gemälde wie *Der geschlachtete Ochse* oder sein vielleicht berühmtestes Bild, *Die Anatomie des Doktor Tulp* (der man *Die Anatomie des Doktor Jan Deyman* zur Seite stellen muß), im Rembrandtschen Werkkatalog hervorhebt, ist weniger das Sujet. Ihre unerhörte Neuigkeit, die sie zu wah-ren Schockmomenten der Kunstgeschichte macht, liegt viel-mehr in der provokanten Herangehensweise. War Frans Hals der Maler des entlarvenden Seitenblicks, so Rembrandt, immer dann, wenn etwas ihn tief verstörte, der Maler der Autopsie. Das Wertvolle an dem griechischen Begriff *autopsía*: Er führt die Unterscheidung ein zwischen der bloßen Sichtbarkeit und einem Sehen mit eigenen Augen, das als Mehrwert ein Moment von Selbsterkenntnis enthält. Die Kriminalistik hat sich den Ausdruck angeeignet, aber wir wissen nicht, ob sie ihm immer ganz traut, so, wie man nie sicher sein kann, ob hinter jeder Inaugenscheinnahme ein Mensch steckt, der seine Augen zum Sehen gebraucht und das Gesehene wirklich bezeugen kann. Rembrandt jedenfalls, soviel läßt sich sagen, war ein solcher Mensch. Echte Augenmenschen wie Rembrandt und Vermeer, und mit ihren schriftstellerischen Mitteln auch Descartes – oder Goethe, zeichnen sich dadurch aus, daß sie das Selbstbezeugte allem bloß Überlieferten vorziehen. Direkte Anschauung er-setzt ihnen das Hörensagen (und Glaubensehen), von dem ein Großteil der allgemeinen Mitteilsamkeit sich nährt. Sie sind, aus Zweifel und Redlichkeit und unstillbarer Sehnsucht nach den Quellen der Intuition – erklärte Empiriker, und das verbindet sie über Zeiten und Räume hinweg. Rembrandt vor der Staffelei, an seinem Ochsenbild pinselnd, und Descartes, der sein Kalb in immer kleinere Teile zerlegt auf der Suche nach dem Bauplan der Organismen, sind, jeder auf seine Weise, Spezialisten einer im ganzen recht unspezifischen Spezies. Ohne voneinander zu wissen, ziehen sie am selben Strang im Namen einer Erfahrungswissenschaft, die, wenn alles gutgeht, über jegliche Theorie triumphieren soll. Beide stehen sie vor einer unendlichen Aufgabe, beide verbeißen sie sich so sehr hinein, daß sie bald Resultate von demonstrativer Beweiskraft erbringen. Und noch eine Gemeinsamkeit: Beide schlagen sich, so verschieden auch ihr Beruf, mit dem Problem der Darstellung und der Darstellbarkeit herum. Wie in so vielen Fällen hat Goethe auch hierzu das letzte Vermittlerwort gefunden, wenn er in seinem salomonischen Altersstil sagt: »Dafür steht ja aber der Mensch so hoch, daß sich das sonst Undarstellbare in ihm darstellt.«

Nicht zufällig hat das Wort *Darstellen* sich unter Medizinern als Fachausdruck eingebürgert. Ein Organ wird dargestellt, d. h. es wird so weit hervorgehoben, aufbereitet und ins Licht gerückt, daß es diagnostisch in Augenschein genommen werden kann, was am lebenden Körper durch Einnahme von Kontrastmitteln geschieht, am Leichnam durch das Sezieren und anschließende Herauspräparieren des betreffenden Organs. Genau darin bestand die Kunst dieser Männer, die sich auf ihren Gebieten wie Pioniere bewegten, wenn auch noch weit entfernt von den Möglichkeiten nichtinvasiver Darstellung, wie sie heute mit Endoskopie und Computertomographie zur Verfügung stehen. Von der Ausleuchtung und Ausspiegelung gewisser Körperhöhlen, ganz zu schweigen von hautdurchdringender Observation, konnten sie in einer Zeit, die den Schlüssellochblick durch ein Mikroskop eben erst lernte, allenfalls träumen. Dabei war ihre Arbeit die bahnbrechende, ihr Beitrag zur Anschaulichmachung des bislang Unanschaulichen der primäre. Rembrandt, der seinem Doktor Tulp, wie man heute vermutet, ein Präparat unterschob, einen in Spiritus aufbewahrten enthäuteten Unterarm aus der eigenen Raritätensammlung, entwirft sein Gruppenbild mit Ärzten nicht nur als Hommage an Andreas Vesalius (oder Andries van Wesel), den Begründer der modernen Anatomie, aus dessen Laboratorium das Schauobjekt stammte, er erneuert das Genre Anatomiebild im selben Atemzug, indem er das Problem der Darstellung selbst zur Sprache bringt. Das aufgeschlagene Anatomiebuch am Fußende des Seziertisches, das Skizzenblatt in der Hand des einen Zuschauers mit der Umrißzeichnung eines Gliedermannes, das Zusammenspiel beider Hände der Hauptfigur, die mit der Linken vorführt, was die Rechte mit der Griffzange an einem Stück *dargestellter* roter Muskulatur aufzeigt, all das war zugleich als Feier wie Infragestellung der unmittelbaren Anschauung gedacht. Schon die ungewöhnlich veristische Leichenblässe des Delinquenten, dieses schrecklich wächserne, eisig blaue Inkarnat signalisierte: Hier begnügte sich einer nicht mehr mit leerer Gestik und der Rhetorik des Memento mori, die solchen Obduktionsbildern anhaftete. Es ging auch nicht darum, bloß anatomisch korrekt zu malen. Worauf es Rembrandt ankam war, zu zeigen, daß Gott im Detail steckt. Wie funktioniert, als Mechanik von Muskeln und Sehnen, eine gezielte Handbewegung? Und zwar nicht irgendeine, sondern genau jene Geste, die Doktor Tulp, sämtliche Blicke dirigierend, vorführt und die gemeinhin als Ausdruck für Konzentration und Fingerspitzengefühl gilt: die Berührung von Daumen und Zeigefinger? In einem Spannungsbogen, der die Dramatik der Szene ausmacht, demonstriert Rembrandt das Ineinandergreifen von Leib und Seele, zeigt er von innen nach außen und umgekehrt die Wechselwirkung der *Körpermaschine*, wobei ein Terminus wie dieser, der Descartes alles bedeutete, an seiner

Malerei glatt vorbeiging. Daß er keineswegs festgelegt war, und wie anders er das Thema auch anpacken konnte, beweist neben dem *Geschlachteten Ochsen* (diesem bildgewordenen Aufschrei) die viel später entstandene *Anatomie des Doktor Jan Deyman*, das Bild einer Schädelöffnung, das nach einem Feuer nur als Fragment erhalten geblieben ist. Da wird nun weitaus vitaler, der Sterblichkeit eingedenk, mit der Ergriffenheit des Alters abgehandelt, was ihn zwanzig Jahre zuvor schon beschäftigt hatte. Diesmal ist es die Krone der Schöpfung selbst, ein menschliches Gehirn, rötlich schimmernd in seinen zwei Hälften, das vor den Augen aller aufgedeckt wird, mit der Feierlichkeit eines noch unbekannten christlichen Rituals. Ein Assistent steht dabei, und wieder ist es, neben seinem meditativen Blick, das Zusammenspiel der Hände, das über den bloßen Vorgang der Leichenschau hinausweist. Während die eine Hand die Kalotte hält wie den Deckel eines Weihgefäßes, bleibt die andere, nach außen gekehrt, demonstrativ leer. Gleichzeitig macht sich der Doktor Deyman, von dem nichts als die Hände geblieben sind, wie ein Geisterbeschwörer an dem bloßgelegten Gehirn zu schaffen, in schmerzhafter Anspielung auf den Sitz aller Reflexion.

Es mag gewollt erscheinen, Philosoph und Maler in solche Nähe zueinander zu rücken. Was die beiden so verschiedenen Geister verbindet, ist mehr als ihr zeitweiliges Interesse an Anatomie – das bei Rembrandt zudem ein Aspekt seiner Auftragskunst war. Es ist die beiden eigentümliche Skepsis, daß unser Wissen nicht aus Büchern zu gewinnen ist, sondern erst durch geduldiges Beobachten, Vergleichen, immer tieferes Eindringen in die Materie, kurzum: in der Schule der Autopsie. Dabei bleibt es erstaunlich genug, wie sowohl Künstler als auch Naturforscher sich immer wieder auf diesen einen berufen, den Schutzpatron der Sezierer- und Körperdarstellerzunft, Andreas Vesalius (1514-1564), der mit seinen sieben Büchern *De humani corporis fabrica* (Vom Aufbau des menschlichen Körpers) zum Ansporn wurde für jeden, der auf eigene Faust weiterforschen wollte. Rembrandt, der mit seinem Tableau vom Doktor Tulp ganz offensichtlich einen Befreiungsakt festhält, Amsterdams berühmtesten Arzt bei exakt derselben Tätigkeit wie der große Vesalius vor ihm, oder Descartes, der seinem Besucher eine Lektion erteilt, indem er ihn gleichsam mit der Nase auf ein Stück aufgeschlagenes Fleisch stößt – das sind zwei Episoden derselben Mentalitätsgeschichte, in der es um die Evolution des Beobachtungsvermögens geht.

3 Ein planetarisches Riesenrad

Der Philosoph wenigstens wird zeitlebens nicht davon loskommen. Schon zu Beginn seines Hollandaufenthaltes findet man ihn mit medizinischen Studien aller Art beschäftigt. Damals, in der Kalverstraat lebend, nahe dem Fleischerviertel, war er täglich zu einem Metzger gegangen, hatte sich Tiere schlachten lassen und ihre Teile zu Sektionszwecken mit nach Hause geschleppt (oder schleppen lassen – ein getreuer Diener und Assistent wie sein alter Gillot war immer zur Hand). Er zog sogar über die Dörfer zum Schweineschlachten, unbekümmert um seinen Ruf und die Standesehre – so das Gerücht, das er den französischen Freunden gegenüber umgehend dementierte. In dieser Zeit muß sein Arbeitstisch einer blutigen Schlachtbank geglichen haben, so viele Tierkadaver waren darüber hinweggewandert.
In Wirklichkeit folgten diese Metzeleien, die manchem als Zeitvertreib erschienen, einem genauen Lehrplan, bei dem es darum ging, die Welt erklärbar und damit menschengerechter zu machen, vom einfachsten Regentropfen aufsteigend bis zur

Funktionsweise der Zirbeldrüse im Gehirn. Systematik war etwas, das sich erst aus der Abfolge der vielen kleinen Forschungsprojekte ergab, die durchaus sprunghaft wechseln konnten bei einem so sehr von Neugier gesteuerten Kopf; aber das schadete nichts, Descartes kehrte immer wieder zu den Ausgangspunkten zurück. Wie im *Discours* angekündigt, hatte es mit einer *Dioptrik* begonnen, seiner Lehre vom Licht, den optischen Gesetzen und vom Sehen (mit ersten Modellvorstellungen von der neurologischen Seite des Vorgangs). Dem folgte, ganz im bewährten Erzählstil, die Theorie der Himmelserscheinungen, eine Schrift mit dem Titel *Die Meteore*, in der es um alles ging, was in einigem Abstand von der Erde herumschwebte, leuchtete und sich zu Dämpfen zusammenbraute, von Wolken und Regenbögen, Hagelkörnern und Eisplättchen bis hin zum seltenen Phänomen der Nebensonnen, mit einer geradezu quälend ausführlichen Beschreibung der Natur des Salzes, der Ursachen der Winde und der Figuren des Schnees; und alles, was fehlte, war das Zauberwort Meteorologie, mit dem man seit Aristoteles die Lehre vom Wetter bezeichnet. Zum Schluß kam seine *Geometrie* an die Reihe, ein Grundlagenwerk analytischer Geometrie, mit dem der Leser nach eigener Aussage instand gesetzt werden sollte, selbst Probleme zu lösen, die es noch niemals gegeben hatte. Alles in allem: knochentrockenste Materie, doch abermals ist es Descartes' Metaphorik, seine erstaunliche Bildlichkeit (eines Lukrez und Ovid würdig), die das Ganze auflockern hilft. Ein aufmerksamer Exeget hat bemerkt, der Verfasser habe anstelle von Naturbeobachtungen lieber Bildbeschreibungen geliefert, wobei den Illustrationen in seinen Büchern eine Hauptrolle zukam. Man muß sie gesehen haben, diese Schneeflockenmusterbögen in den Holzschnitten der Originaledition, kaum größer als die Flügeldecken eines Marienkäfers. Bei näherer Betrachtung lassen sich darin Zahnräder erkennen, Blütenblätter, selbst Geißeltierchen und Fußnotenzeichen, schwarze Asterisken. Oder die kleine Theaterszene, in der ein winziges Alter ego des Autors, die Lilliput-Ausgabe eines Edelmannes mit Hut und Degen, von einer grasbewachsenen Landzunge aus einen doppelten Regenbogen über dem Meer beobachtet. Auf manches darin, etwa den Schnee, wird noch zurückzukommen sein, hier geht es um etwas anderes.

Vergessen wir für einen Moment das Kunterbunt so vieler Wissenszweige, die aus heutiger Sicht etwas disparat und wunderkammerhaft zusammengewürfelt erscheinen. Das Erstaunliche ist nicht, daß sie damals zu einer soliden Universalgelehrsamkeit gehörten, auch nicht ihr Verschwinden im Zuge der späteren Kastenwirtschaft, sondern daß ein einziger Mensch all das bündeln und durch das Prisma seines Selbstbewußtseins wieder aufspalten konnte. Man sollte die Grundbewegung solchen Philosophierens nie aus den Augen verlieren, das gewaltige Auseinanderreißen aller Erscheinungen in eine ausgedehnte und eine denkende Substanz. Sie erst erschafft die Polarität, die in diesem barocken Weltbild alles umfaßte. Kosmos und Körper, der Kreislauf der Wasser und der Fluß der Lebensgeister, die Luftströmungen draußen und die Seele mit ihren Affekten im Innern: Alles griff nach einem Gesamtplan ineinander, von dem nur bekannt war, daß er den Gesetzen der Mechanik gehorchte und wer sein Urheber war. Alles wurde von diesem interplanetarischen Riesenrad erfaßt und umhergewirbelt, an dessen Nabe unsichtbar ein Gott saß und drehte, dem man mit seinen fünf Sinnen einfach nur trauen mußte, schon darum, weil einem nichts anderes übrigblieb. Descartes hatte sein ehrgeiziges Projekt früh annonciert. In einem großangelegten Werk mit dem noch größeren Titel *Le*

Monde (Die Welt) sollten die getrennten Wissensfäden zusammenlaufen und ein Gewebe ergeben, so dicht gewirkt, daß damit alles unter der Sonne erklärt wäre. Dem Impetus nach war er, gut ein Jahrhundert vor Diderot und d'Alembert, der geborene Enzyklopädist. Dabei mußte er seine Förderer und Ratgeber manchesmal um Geduld bitten. Seine Briefe zeigen ihn als einen Meister des Aufschubs und der Vertröstung. Er wurde nicht müde, auf seinen Gesamtplan hinzuweisen, je öfter er sich in Einzelheiten verlor. Denn es gab nichts, was nicht plötzlich sein Interesse wecken konnte, hunderte Phänomene zogen ihn gleichzeitig an, und stets wollte er sich mit eigenen Augen ein Bild von ihnen verschaffen. Warum die Glühwürmchen leuchten und wie das Salz in die Meere kommt, beschäftigt ihn ebenso dringlich wie der Nachweis des Vakuums (den er für ausgeschlossen hält, weil er im Gegensatz zu Pascal nicht an eine Leere zwischen den Teilchen der feinen Materie glaubt). Er fragt sich, warum die Kompaßnadeln an bestimmten Stellen der Erde abweichend ausschlagen und wie auf der Haut die Muttermale zustande kommen. Er weiß von Irrlichtern, die sich an die Mähne der Pferde heften, und von Blitzen, die einem die Knochen brechen können, ohne das Fleisch zu beschädigen. Während einer Alpenwanderung studiert er, wie durch die Schneeschmelze Lawinen entstehen, und lauscht, wie die Täler widerhallen von ihrem Donner. Doch nicht das Naturschauspiel beschäftigt ihn, seine überwältigende Erhabenheit; er registriert so kühl wie die Luft, die er da atmet, nur den Akkumulationsprozeß der Schneemassen und die Wirkung des Tauwetters, die eine Gletscherzunge in einen Schweizer Käse verwandelt. Was ihn fesselt, ist die Kausalität des Vorgangs, das Zusammenspiel von Südwind, Wolkenbildung und Luftresonanz, dem er, wie seine späteren Geistesverwandten Goethe und Alexander von

Humboldt, ganze Seiten beschreibender Prosa widmet. Es ist ein Denkanstoß im Vorübergehen, einer von vielen, denen der Empiriker folgt. Zuweilen genügt ihm eine einzige Beobachtung, aus der dann alles weitere entwickelt wird, wie im Fall seiner Schrift über *Die Meteore*. Es ist der Augenmensch, der die Phänomene gern fix und fertig, wie vom Himmel herabgefallen, erschaut und sie dann erst zergliedert; die Analyse folgt der Synopse. »Wenn Sie auch manchmal Ihren Blick aus Ihrer warmen Stube heraus geworfen haben«, schreibt er an Chanut, den Freund und französischen Gesandten in Stockholm, »werden Sie vielleicht in der Luft andere Meteore als jene bemerkt haben, über die ich geschrieben habe, und werden mir nützliche Instruktionen geben können. Eine einzige Beobachtung, die ich im Jahr 1635 über den hexagonalen Schnee gemacht habe, war Ursache für den Traktat, den ich darüber verfaßt habe.« (Brief vom 6. März 1636)

Descartes' Forscherdrang ist unersättlich, er befaßt sich mit Akustik und Embryologie, Hydraulik und Wahrscheinlichkeitsrechnung, letzteres zur Steigerung der Gewinnchancen im Roulettespiel. Er schluckt Hunderte ungelöster mathematischer Probleme und spuckt sie als lauter Syllogismen wieder aus. »Was Probleme anbelangt«, schreibt er aus Amsterdam seinem Beichtbruder Pater Marsenne, »so werde ich Ihnen, wenn Sie es wünschen, eine Million schicken, um sie den anderen vorzulegen.« Er veranstaltet optische Experimente mit schwarzem Marmor und Eis von verschiedener Dicke und Dichte, und lange vor Newton nimmt er die Newtonschen Ringe wahr. Und auch dies: Bei aller Herablassung, mit der er die Tiere, jene vernunftlosen Wesen, betrachtet, hat er eine ausgewachsene Schwäche für Straßenköter. Was ihn nicht davon abhält, ein paar besonders grausige Versuche mit bei lebendigem Leib geöffneten Hunden anzustellen, die vermutlich selbst einen Pawlow in Unruhe versetzt hätten. Die Beispiele sind aufs Geratewohl zusammengestellt, sie sollen den Umfang illustrieren, in dem dieser fleißige Mann der Natur in ihrer Fabulierlust folgte. Die Gefahren solcher Forschung in alle Richtungen aber waren kaum geringer als der erhoffte praktische Nutzen. Wie leicht konnte durch Verzettelung verspielt werden, was so methodisch, von so langer Hand vorbereitet war.

4 Barocke Filmvorführungen

So paradox es sich anhört, eines der Lieblingsworte des notorischen Zweiflers war *admiration* – ausgerechnet: Bewunderung. In seiner Seelenlehre taucht es sogar als Terminus technicus auf und figuriert dort als jene plötzliche Überraschung, die einen dazu nötigt, seine Aufmerksamkeit Objekten zuzuwenden, die der Seele als selten und außerordentlich erscheinen. (Eines von vielen Beispielen übrigens für die Schönheit seiner Definitionen.) Man darf nicht vergessen, daß die ganze sogenannte cartesische Rationalität dem allerkindlichsten Staunen abgerungen war. Descartes war als Barockmensch durchaus empfänglich für die Wunderwerke und Spielereien seiner Zeit. Mechanische Wasserkünste und die Automaten in Gartenanlagen konnten ihn ebenso verlocken wie ein ausgetüfteltes Glockenspiel oder die Konstruktion eines Fahrstuhls für Krüppel, an der einer seiner Ingenieursfreunde in Paris sich versuchte, wenn auch mit geringem Erfolg. Zahlreiche Anekdoten ranken sich um seinen enormen Spieltrieb, so auch jene, die den Theatermann mit einem Sinn für Spezialeffekte zeigt, der seine Schüler hin und wieder mit einer kleinen Wunderwirkung verblüfft. Er arbeitete, nach längeren Landaufenthalten und offiziellen Visiten beim französischen Botschafter in Den Haag, eben wieder in Amsterdam, als ein gewisser Ville-Bressieux ihn aufsuchte, um unter seiner Anleitung allerlei optische Experimente durchzuführen. Man hatte ein Weilchen mit verschiedenen Brillen und Linsen herumhantiert, da kam Descartes auf die Idee, den Novizen in ein Zimmer zu führen, das er eigens präpariert hatte. Dort überraschte er ihn mit einer primitiven Art von Filmvorführung, bei der ein versteckter Spiegel zum Bildwerfer wurde, der eine ganze Kompanie Soldaten an der Wand vorbeiziehen ließ. Die Figuren traten wie durch eine Tapetentür ein, wuchsen rasch zu Menschengröße und lösten sich, nachdem sie zackig vorbeimarschiert waren, in dasselbe Nichts auf, aus dem sie gekommen waren. Der Trick bestand darin, eine Handvoll Spielzeugfiguren im Flutlichtstrahl mehrerer Kerzen so aufzublasen, daß ihre schwankenden Schattenrisse bedrohliche Ausmaße annahmen. Merkwürdigerweise findet die gleiche Projektion sich, bis ins Detail nachgezeichnet, in einem Kompendium zur Malereitechnik, das, vierzig Jahre später in Rotterdam aufgelegt, sehr populär wurde. Samuel van Hoogstratens Traktat *Einleitung in die Hohe Schule der Malerei: oder die Sichtbare Welt* bedient sich derselben Hilfsmittel, ergänzt nur durch einen Vorhang, zur Erzeugung eines dramatischen Schattenspiels mit Feldnymphen, bocksbärtigen Satyrn und dem Schmiedegott Vulkan auf dem Ätna. Für den Maler gehörten solche Schattenillustrationen, wie auch der Umgang mit Perspektivkasten und Camera lucida, zur Schule des Handwerks. Dem Experimentalphysiker dagegen waren sie kaum mehr als Taschenspielertricks. Der Erkenntnisgewinn solcher Gespensterszenen hielt sich in Grenzen, doch zur Ergötzung taugten sie allemal.

Hier wäre der Ort, einmal auf die seltsamen cartesischen Alptraumbilder hinzuweisen, die manche Ähnlichkeit haben mit jener Séance im flackernden Kerzenlicht. Jede Lebenskrise bringt bei ihm dasselbe Muster zum Vorschein: Angst und Lust des Philosophen beschwören im Schlaf einen Wirbelsturm herauf. Das Unheimliche aber ist, daß dieser wilde Wind, der die Bäume entwurzelt und gegen die Kirchen peitscht, nur ihm zusetzt. Einzig er wird auf dem Absatz herumgewirbelt und muß sich gegen den Luftstrom krümmen, alle anderen stehen aufrecht und unbeteiligt daneben, als wollten sie sagen: »Was hat dieser schwankende Kerl nur?« Man findet dasselbe Motiv mitunter auf den Kupferstichen der alten Emblembücher dargestellt. Auch da sorgt ein überirdischer Hurrikan für eine surreale Szenerie, die einige Unglückliche in den Staub beugt, während ein Mönch seiner Wege geht und das Vieh auf der Weide seelenruhig grast. Es ist diese überschäumende Phantasie, die in der selektiven Descartes-Interpretation gern verdrängt wird. Ohne sie aber bleibt sein Denken nicht nur unvollständig, sondern auch unverständlich.

Was soll man beispielsweise von einer Passage wie dieser aus der *Dioptrik* halten, in der es um die den Augen innewohnenden Bilder geht? Da wird zunächst der Sehapparat mit einem geschlossenen Zimmer verglichen, in dem ein Mensch sitzt, und dieser Mensch späht durch ein Loch, vor das eine Linse geschoben ist, nach draußen, wo ein weißes Tuch ihm die Gegenstände im Schattenbild vorgaukelt. Dem Zimmer entspricht die Dunkelkammer des Gehirns, das Loch soll die Pupille sein, und die Leinwand steht für die innere Haut, die sich aus den Enden des optischen Nervs zusammensetzt – so weit, so gut. Was aber meint Descartes, wenn er uns versichert, er habe ein Ochsenauge seziert und darin »mit Freude und Bewunderung« ein Bild gefunden, das perspektivisch verkleinert, aber naturgetreu all die Gegenstände wiedergab, die das arme Tier in seinem letzten Stündlein gesehen hatte? Und was, fragt man sich, mochte davon wohl aufbewahrt worden sein: die Panik im Gesicht des Bauernjungen, der es am Strick hielt, der erhobene Arm des Schlachters, die blinkende Klinge, und all das auf den Kopf gestellt? Dazu heißt es in aller Unschuld: »Wir haben uns dieses Bild in dem Auge eines toten Tieres angesehen, und zweifellos erscheint es im Auge eines lebenden Menschen ganz ähnlich auf der inneren Haut. [Hier verweist Descartes auf die mitgelieferte Illustration, um dann fortzufahren:] Nur wird es noch besser abgebildet werden, weil die Flüssigkeiten im Auge voller Lebenskraft und damit durchsichtiger sind und exakter die Form annehmen können, die zu diesem Effekt erforderlich ist. Vielleicht verhindert auch die Form der Pupille des Ochsenauges, daß das Bild möglichst vollkommen ist, denn sie ist nicht ganz rund.«

Descartes, der sich die Netzhaut wie ein Stück Papier vorstellt, dünn und lichtdurchlässig wie eine Eierschale, glaubt denn auch wirklich, das Gesehene sei auf ihr gleichsam aufgedruckt. So obskur uns solche Ideen heute erscheinen, das Raffinierte an ihnen war, daß er sie allen Ernstes als wahre Beobachtung verkaufte. Nicht nur dies eine Mal wird der Begriff Autopsie von ihm ins Märchenhafte verbogen. Was immer er da im Auge des toten Ochsen gesehen hatte, von verläßlicher Leichenschau konnte keine Rede sein. Doch immer, wenn er nicht weiterweiß, hebt dieser spekulative Kopf mit seinem Flugapparat ab und dreht ein paar Extra-Runden. So auch bei folgender Hypothese, die sich mit der Übertragung der Bilder von der Mutter aufs Kind befaßt und wie nebenbei eine Theorie zur Entstehung der

Muttermale bereithält. »Ich könnte Ihnen außerdem noch zeigen, wie die Bilder manchmal durch die Venen und Arterien einer schwangeren Frau bis in bestimmte Glieder des Kindes gelangen können, das sie unter dem Herzen trägt. Hier bilden sie die Muttermale, die den Gelehrten so viel Kopfzerbrechen bereiten.« Eine entzückende Vorstellung: wie die mütterlichen Imprints als winzige Abziehbilder die Blutbahn hinabrauschen, und das Kind sie dann, vermutlich über die Plazenta, förmlich aufsaugt. Kenner vermeinten sogar, in den Muttermalen die erotischen Phantasien wiederzuerkennen, die das Paar während der Zeugung beflügelt hatten. Unklar bleibt nur, wie sie schließlich im Neugeborenen an die Hautoberfläche treten, um zwischen den Sommersprossen Platz zu nehmen, aber auch dafür wird es in der fabelhaften Welt cartesischer Traumbilder eine Erklärung gegeben haben. Erst Nicolas Malebranche (1638-1715), sein eifrigster Schüler, entwickelt später eine eigene Theorie der pränatalen Einflüsse; sie wird noch den berüchtigten La Mettrie (1709-1751), den Erfinder der *Menschmaschine*, ernsthaft beschäftigen. Bei Descartes dagegen bricht das Kapitel hier ab, worauf das nächste sich resolut der Frage zuwendet, wie das Sehen recht eigentlich funktioniert.

Das Beispiel der Muttermale ist mehr als nur ein Kuriosum. Es wird hier angeführt, um der Behauptung entgegenzutreten, eine Naturphilosophie wie diese wäre immer und jederzeit nur auf einen faden Reduktionismus hinausgelaufen. Davon kann keine Rede sein: So herrisch sich der neue Wissenschaftsgeist auch gebärdete, seiner Phantastik waren zunächst keine Grenzen gesetzt. Das Zerrbild vom Reduktionisten ist nicht nur ungerecht, sondern, was den Cartesianismus als Ganzes betrifft, auch irreführend. Im Licht seiner Metaphysik erweist die physische Welt sich als ein vertracktes, aus vielen Facetten und Faktoren zusammengesetztes Ding. Da gibt es die kleinen Teilchen, aus denen das Wasser besteht, eine Frühform der Moleküle, die zäh aneinanderkleben, schnurartig lang sind und glitschig wie kleine Aale. Dem unwiderstehlichen Bild der schlangenförmigen Fische verfallen, erklärt er das Eis mit dem Unterschied wimmelnder Aale in einem Fischkasten und einem Haufen derselben Aale, die steif vor Kälte am Ufer liegen. Anstelle der Atome, die er ablehnt, gibt es bei ihm Materieteilchen, unterschiedlich geformten Kieselsteinen gleich, anstelle des Gases winzige Luftkörper. Da strömen Lebensgeister durch Adern und Muskeln, und durch die Röhrchen des Hirns ziehen sich Nervenfäden, feiner als das Gespinst der Seidenraupe. Und wenn er sich ausmalt, wie die äußere Welt im Gehirn abgebildet wird, ist ihm die Tuschezeichnung das passende Modell dafür, und kein Vergleich könnte treffender sein. Bei dieser Technik der andeutenden Linien genügt ein Hauch von Ähnlichkeit, und der Sehapparat schafft sich den Rest dazu. Ein wenig Tusche hier und da aufs Papier getröpfelt, einige Kratzer mit der Feder, und im Handumdrehen werden aus ein paar schwarzen Flecken Wälder, Menschen und Städte, »ja sogar Schlachten und Geschütze«, wie der Soldat in ihm befriedigt hinzufügt. So, wie das Bildermachen, funktioniert auch das Sehen.

Sonderbarer Descartes! Wer sich so etwas auszudenken vermochte, stand mit einem Bein wohl auf einem anderen Stern. Kein Wunder, wenn Cyrano de Bergerac, sein Zeitgenosse und Fabulierbruder im Geiste, den Philosophen nach dessen Tod auf die Sonnenflecken versetzte, wo ihn bei seiner Ankunft dort der Gründer des Sonnenstaates Tomaso Campanella herzlich umarmt. In jener außerordentlichen cartesischen Welt war das Logische mit dem Wunderbaren noch eng verschwistert, griff der Phantast dem Mechaniker unter die Arme. Was immer er anfing, erweiterte sogleich die Grenzen seiner Vorstellung und trug ihn glücklich über die Schluchten des Unbekannten hinweg. Unzufrieden mit der bloßen, pedantischen Deduktion, weist er der Intuition die Rolle des Anführers zu und vergleicht sie mit einem Blindenstock, den auch der Sehende braucht, um sich in tiefer Finsternis zu orientieren. So steht es in den *Regeln zur Anleitung der Erkenntniskraft* von 1628, seiner frühesten Methodenschrift. Einmal träumt er davon, ein Fernglas zu konstruieren, mit dessen Hilfe man einen Brief auf eine Meile Entfernung lesen kann. Ein andermal fragt er sich neugierig, ob auf dem Mond wohl Tiere leben. Ganz im Ernst befaßt er sich mit der Geschichte eines Mädchens, aus dessen Stirn Seide wächst, und der eines Spaniers, der einen blühenden Dornstrauch aus seinem Körper hervortreibt. O wunderbare Kinderzeit des neuen Logos, köstliche Schule des frischen Sehens! Gelobt seist du, Goldenes Zeitalter der aufbrechenden Wissenschaften!

Natürlich konnte er es bei der bloßen Tieranatomie nicht bewenden lassen. Wenn er sich elf lange Jahre mit etwas herumplagte, das bei seinen holländischen Mitbürgern hauptsächlich als Mahlzeit vorkam, so darum, weil er fest daran glaubte, nicht nur den Bauplan der Nerven, Adern und Knochen begreifen zu können, sondern auch deren Bildungsgesetze. In einem weiteren Brief an Mersenne (vom 20. Februar 1639) wähnt er sich schon so gut wie am Ziel. Voller Überzeugung kündigt er darin Enthüllungen an, die ihn zum ersten Genetiker der Biologiegeschichte gemacht hätten, wären sie nur publiziert worden. So heißt es im Ton eines Abschlußberichts über sein jahrelanges Sezieren: »Ich habe aber nichts gefunden, dessen Bildung durch natürliche Ursachen ich nicht im besonderen erklären zu können glaube, ebenso wie ich in meinen *Meteoren* die Bildung eines Salzkornes oder eines kleinen Schneesternes erklärt habe. Und wenn ich meine *Welt* von neuem zu beginnen hätte, in der ich den Körper eines ganz entwickelten Tieres angenommen und mich mit der Aufzeigung seiner Funktionen begnügt habe, würde ich es unternehmen, auch die Ursachen seiner Bildung und Entstehung hineinzubringen.«

Klingt das nicht verheißungsvoll? Wohlgemerkt, nicht mehr nur um die Beschreibung von Anatomie geht es ihm nun, um ein paar Zusatztafeln zum Standardwerk des Vesalius. Was hiermit versprochen wird, ist nichts Geringeres als die Einsicht in den Reproduktionsmechanismus der Natur. Wenig hätte gefehlt, und wir wären in den Genuß einer barocken Vererbungslehre gekommen. Der Hinweis auf Minerale und Schneekristalle verrät, wie das Ganze gedacht war. Man darf annehmen, Descartes hätte, nach dem Muster seiner Physik fester Körper, eine Theorie entwickelt, mit der auch die Bildung der Weichteile restlos erklärt worden wäre. Das hier hatte nichts mehr mit den kruden Homunculus-Phantasien aus mittelalterlichen Alchemistenküchen zu tun. In seiner Genetik wäre es streng nach Kalkül zugegangen. Baustein für Baustein wäre der alte Adam, den Gesetzen der Mechanik folgend, herausmodelliert worden aus der alles umfassenden Natur. Mensch und Tier, regelrecht nachkonstruiert hätte er sie, als Compositum ungleicher, doch aus demselben Stoff geschnitzter Teile, hätte sie als Lebewesen aus dem Zusammenwirken der feinen und gröberen Materie herausgeschält – jener wirbelnden Materie, die einmal das Salzkorn im Meerwasser wie einen Diamanten zuschnitt, einmal den Schneestern aus der kalten Winterluft stanzte und so zuletzt auch ihr Meisterstück fabrizierte: dies zarte und sterbliche Aggregat aus Muskelfasern und Nervensträngen, fein gedrechselten

Knochen und aalglattem Gedärm. Descartes nennt es, mit einem Anflug von Technikschwärmerei, die *Körpermaschine*. Über ihren Bauplan konnte, vom Wundarzt bis zum Kunstmaler, nun jeder leicht mitreden; wie die einzelnen Glieder und Organe beschaffen waren, stand in den anatomischen Handbüchern. Ihr Konstruktionsprinzip aber, wie und warum sie mit jedem neuen Fötus exakt wiederkehrte, fix und fertig als kompletter Bausatz gewissermaßen, das konnte er aufklären, ließ man ihm nur ein wenig Zeit. Doch leider wird das Projekt abgebrochen, wie so manches andere vor und nach ihm, und Descartes ist Mersenne die Erklärung schuldig geblieben.

5 Ein Selbstversuch

Der Brief deutet es an, er hatte allen Grund, unzufrieden zu sein. Es verdroß ihn, daß er mit seinen Metzeleien an Hühnern, Kälbern und Schweinen auf der Stelle trat. Den Bildungsgesetzen des menschlichen Körpers war er damit um kein Stück näher gekommen. Am Ende hatte er Hunderte Tiere tranchiert, war aber kaum imstande, das einfachste Fieber zu dämpfen. Es sind Notizen erhalten, in denen er sich über die verschiedenen Heilmittel und ihre Wirkungen ausläßt (*Remedia et vires medicamentorum*), aber auch dies bleibt eine Eintagsfliege. Er beklagt es ausdrücklich, stellt aber nicht ohne Stolz fest, kein zeitgenössischer Arzt habe so eingehende Beobachtungen machen können wie er in diesen elf Jahren. Eine kühne Behauptung, wenn man bedenkt, welche Rolle die ärztlichen Zünfte damals in Holland spielten. Sie ist aber typisch für den Einzelgänger Descartes, der sich zeitlebens abseits hielt von jedem Berufsstand und allen akademischen Zirkeln. Ein Doktor Tulp wäre erstaunt gewesen über die kühnen Ankündigungen dieses Franzosen, der im Unterschied zu ihm wohl niemals Krankenbesuche gemacht und vermutlich auch keines der städtischen Hospitäler, Lepra- oder Pesthäuser je von innen gesehen hatte. Es war eine Zeit, in der man als ausgebildeter Mediziner mit eigener Praxis bereits ein Vermögen machen konnte, mit etwas Glück gehörte man zu den Honoratioren der Stadt, war prominentes Mitglied der Ärztegilde und hatte Anspruch auf sein Portrait, das dann vielleicht ein Rembrandt malte. In Universitätsstädten wie Leiden und Amsterdam waren öffentliche Anatomievorlesungen an der Tagesordnung, in eigens dafür hergerichteten Hörsälen, die bis unters Dach ausgeschmückt waren mit allerlei Skeletten vom Pferd bis zum Wal und der in Spiritus eingelegten, elenden Mißgeburt, die man liebevoll manchmal mit Brüsseler Spitze herausputzte. Brave Bürger, Calvinisten, wohnten dort, besonders gern in der kälteren Jahreszeit, der schauerlichen Sektion eines frisch exekutierten Galgenvogels bei. Die rosige Leiche des armen Adam (aus Gründen der Keuschheit selten die einer Eva) wurde auf den Tisch gestemmt, und dann folgten Hunderte begierige Augenpaare einer barocken Vorstellung, bei der das Fleisch regelrecht aufgeschlagen wurde. Die Epidermis wurde wie ein Vorhang zurückgezogen, und da sah man es, das blutig rote, sündige Gewebe, aus dem zu Lebzeiten die verderblichen Leidenschaften gezüngelt hatten, pietätvoll kaltgestellt. Was für die einen Lehrstunde war, Anschauungsunterricht für den Hippokratesjünger, war den anderen, weit entfernt davon, anrüchig zu sein, eine höchst befriedigende Theaterszene, bei der ein Missetäter Wiedergutmachung leistete, indem er sich wie ein kalter Braten tranchieren ließ, zum Nutzen der Allgemeinheit. Descartes aber zog solchen Spektakeln seine eigenen Sezierkünste vor, er ging seinen Studien im Verborgenen nach und mied die im flackernden Kerzenlicht abgehaltenen, frivolen Bankette im *Theatrum Anatomicum*. Er scheute sie ebensosehr wie den zeitraubenden Disput mit den Leuten vom Fach. Autopsie hieß für ihn zuallererst, den Blick in den Spiegel der eigenen Menschennatur zu werfen; das *Erkenne-dich-Selbst* war für den Mediziner-Philosophen eine Operation mit zweischneidiger Klinge, und dafür galt es, hochkonzentriert zu sein und ungestört, frei von lästigen Mitbeobachtern.

Ein erstaunliches Beispiel seines diskreten Forschergeistes ist eine handschriftliche Notiz, die von den meisten Biographen als Nebensache behandelt wird. Abermals zeigt sie den Pionier der Wissenschaften am Werk, einen Experimentator, der sich unerschrocken ins Dickicht der allerheiligsten Mysterien vorwagt. Von Mai 1632 bis in den November 1633 hatte er sich mit seinem Freund Henri Reneri (1593-1639) in Deventer aufgehalten. Im Winter war er nach Amsterdam zurückgekehrt und hatte sich in einem Haus in der Nähe der Westerkerk eingemietet. Wir werden ihm dort noch einmal begegnen, später an einem Winterabend bei strengem Hagelwetter, auf einem Spaziergang durch das frostkalte Amsterdam. Die Episode, um die es hier geht, handelt von einem Selbstversuch mit tragischem Ausgang. Etwas unpassend kommt einem Friedrich Nietzsche dabei in den Sinn, der in einer seiner jähen Aufwallungen die Frage gestellt hat: »Welcher grosse Philosoph war bisher verheirathet?« Um sodann, nachdem er die Heroen des Zölibats, darunter Descartes, alle aufgezählt hat, sein Verdikt herauszuschleudern: »Ein verheiratheter Philosoph gehört in die Komödie, das ist mein Satz.« Immerhin, was Descartes angeht, dem von ihm außerordentlich geschätzten *Vater des Rationalismus (und folglich Großvater der Revolution)*, so lag er hier mangels genauerer biographischer

Kenntnisse einmal daneben. Denn der Franzose hatte sich, was Cartesianer gern verdrängten, zumindest kurzzeitig, mit einer Frau eingelassen. Mag sein, das Ganze war nicht mehr als eine Affäre, was zählt, ist das Experiment, die gesuchte Verbindung mit einer weiblichen Vertreterin der Spezies Mensch. Man wird den Verdacht nicht los, es ging ihm dabei, fern aller Geschlechterromantik, vor allem um die Möglichkeit, ein paar Eierstöcke zum Funktionieren zu bringen, so häßlich sich das auch anhört. Wie anders läßt sich die kühle Objektivität erklären, mit der er den Tag der Empfängnis in einem Arbeitsheft festhält (es war der 15. Oktober 1634)? Es hätte nicht viel gefehlt, und wir wären über die genaue Uhrzeit in Kenntnis gesetzt worden, die Temperatur der Geschlechtsteile beim Paarungsakt und das wahrscheinliche Quantum an Spermien, die hier zum Einsatz kamen. Der Philosoph im Selbstversuch bei der Zeugung eines Kindes, auch dies ist ein Lehrbeispiel aus der Schule der Autopsie. Es hat seinen ironischen Sinn, wenn man ausgerechnet an dieser Wirkungsstätte eines cartesischen Selbstversuchs heute eine Plakette angebracht findet, die an das Wagnis erinnert. Natürlich nur indirekt, Erinnerungstafeln wie diese geben selten das dahinterliegende Lebensgeheimnis preis. Auch bleibt offen, ob der Zeugungsakt in Amsterdam mit seiner späteren Schrift *Über die Bildung eines Fötus* von 1648 in Verbindung steht, der Zusammenhang aber ist evident. Einmal hat auch der kälteste Rationalist etwas bewirkt, was andere unter dem Herzen tragen.

Spätestens hier muß nun jenes armen Amsterdamer Mädchens gedacht werden, einer gewissen Helena Jans, die eine Zeitlang seinen Haushalt führte. Sie war es, die ihm am 19. Juli 1635 in Deventer eine Tochter zur Welt brachte und damit nach Kräften zum Gelingen des biologischen Experiments beitrug. Descartes hat, soviel ist sicher, nie wieder etwas Ähnliches versucht. Und so spricht vieles dafür, daß zur großen emotionalen Katastrophe seines Lebens wurde, was dann geschah. Francine, seine geliebte Francine starb im Alter von fünf Jahren an Scharlach. Daß sie ihm manches bedeutet haben muß, wenn nicht alles, bezeugt seine Absicht, sie schon bald nach Frankreich mitzunehmen auf das Gut seines Vaters, um ihr dort eine anständige Erziehung zukommen zu lassen. Vor seiner Wirtin hatte er sie noch als Nichte ausgegeben, um zuerst das Kind, einige Zeit später als seine Dienstmagd auch die Mutter nachzuholen. Unstet wie immer, war er mittlerweile in Santpoort gelandet, einer kleinen Stadt in der Nähe von Haarlem, wo ihm, wie manche meinen, auch Frans Hals begegnet sein muß, sein genialer Photograph. Man darf annehmen, daß seine Wirtin bald eins und eins zusammengezählt hat, die wahren Verhältnisse durchschauend. Die Tochter war jedenfalls tot, noch bevor die Gerüchte sich ausbreiten konnten. Es gibt den Grabstein nicht mit der Aufschrift »1635-1640«, aber der Schmerz des Philosophen beim Verlust seines einzigen Kindes ist überliefert, auch daß der Leichnam lila verfärbt war, von schwerer Krankheit gezeichnet. Er habe sie sehr beweint, heißt es, in einer bemerkenswerten Abweichung vom üblichen Bild des beherrschten Denkers. Bedürfte es eines Beweises für die Unabhängigkeit der Seele, hier hätte man ihn. Daß der Körper auch so tadellos funktioniert, die Atmung nicht aussetzt, der Hunger sich pünktlich meldet, ist keine Widerlegung einer so aufwühlenden Regung wie der Trauer. Mit einem Mal schlägt im Innern des Automaten ein gebrochenes Vaterherz. Ob ihm wenigstens die Erinnerung an ein Muttermal geblieben ist? Wir werden es nie erfahren. Drei Monate nach dem Tod des Kindes verläßt er Helena Jans, nicht ohne für ihr ferneres Auskommen gesorgt zu haben, und zieht weiter nach Leiden. Einmal mehr war ihm eins seiner Projekte gescheitert. Es muß ihm ernst gewesen sein mit dieser Affäre (so ernst wie es Goethe mit der bezaubernden Christiane Vulpius war, die das gesittete Weimar als Zumutung empfand). Claude Clerselier (1614-1684), seinem Nachlaßverwalter, wird er sich kurz vor seinem Tod anvertrauen und ihm den peinlichen Vorfall beichten. Unter welche Kategorie diese Abschweifung in seinem Leben fällt, verrät die seltsam kryptische Anmerkung seines Biographen. »Aber für jemanden, der sich sein ganzes Leben mit anatomischen Untersuchungen beschäftigte, war das Zölibat schwer einzuhalten, zumindest gemäß den Gesetzen, die uns unsere Religion vorschreibt.«

Wir wissen nicht, welche neuen und kühnen Schlüsse Descartes aus der niederschmetternden Episode gezogen hat. Eines aber war für ihn unumstößlich: daß die Tiere keine Seele haben. Er widersprach damit einer der wenigen von ihm anerkannten Autoritäten, Michel de Montaigne. Ausgehend von der alten aristotelischen Definition der Seele als der substantiellen Form des Körpers, brauchte er sich nur einen Schweinerüssel beim Wühlen im Rübenhaufen, eine Taube mit ihrem notorisch nikkenden Köpfchen vorzustellen, um zu wissen, was es mit diesen Kreaturen auf sich hatte. Ihr automatenhaftes Dahinvegetieren in einem Teufelskreis aus Notdurft, Freßtrieb und Selbsterhaltung muß ihn sogleich von der Hohlheit in ihrem Brustkorb, ihrer absoluten und unheilbaren Geistlosigkeit überzeugt haben. Allenfalls ließ sich in ihnen ein Aufziehmechanismus erkennen, ein primitives organisches Pendant zu Unruh und Räderwerk einer Uhr. Heikler war schon die Frage, ob auch ein Fötus bereits als beseelt gedacht werden mußte. Immerhin räumt er am Beispiel des Blutkreislaufs ein, daß der Körper auch unabhängig von der Seele die meisten seiner Sklavendienste zuverlässig versehen könne. In einer Auseinandersetzung mit William Harvey (1578-1657) attackiert er den Entdecker der Zirkulation, obgleich diesem das Lob gebühre, das Eis gebrochen zu haben.

Denn für Descartes ist das Herz mehr als nur die Pumpe, die das Blut mit Muskelkraft durch den Körper treibt. Er sieht in ihm eine Art Destillerie, in der das venöse in arterielles Blut umgewandelt wird, indem es sich dort verdünnt und erwärmt. Bis zuletzt hält er an diesem Irrtum fest und leugnet ganz einfach, daß der Austausch in Wahrheit in der Lunge stattfindet, wie Harvey dargelegt hat. Man würde es doch an den Ungeborenen sehen: Solange sie im Mutterleib eingeschlossen sind, ist die Lunge außer Betrieb. Die Atmung hat noch nicht eingesetzt, da wird das Blut in den Herzkammern des kleinen Wesens bereits veredelt. Man begreift, noch an solchen Querelen, wie gerade die Schlichtheit der mechanistischen Erklärungsversuche das Bild vom Automatenlebewesen so unwiderstehlich machte. Für uns ist Automat die Bezeichnung für einen seelenlosen Menschen, ein Schimpfwort; für Descartes dagegen und seine Zeitgenossen war es der letzte Schrei, so chic und avanciert wie heute der Besitz irgendeines Elektronikspielzeugs von Streichholzschachtelgröße, das die technische Summe unserer Zeit ausmacht. Für Descartes galt: Was der Mensch kann, aus wenigen, paßgenauen Einzelteilen eine Maschine zusammenzuschrauben, die Wasser aus Bergwerken pumpt oder ein ganzes Planetensystem zum Spaß wie aufgezogen in einem Stahlkäfig kreisen läßt, das kann erst recht die Natur, wenn sie uns mit leichter Hand Triebfedern einsetzt, die aus uns fechtende, briefeschreibende, kopulierende Springteufel machen. Gleichen wir nicht allesamt jenen beweglichen Statuen im Park von Fontainebleau? Er selbst entwirft sich zum Zeitvertreib eine mechanische Seiltänzerin und eine Taube. Es war sein Geistesblitz, für den jener La Mettrie im

Zeitalter der Aufklärer und Materialisten nachher den Ruhm einheimste, unter dem epigonalen wie reißerischen Buchtitel *L'homme machine.*

In Holland konzentriert er sich erstmals ganz auf die Erforschung dieser *Körpermaschine.* Der Terminus kommt bei ihm immer dann zum Einsatz, wenn die Trennung von Leib und Seele betont werden soll. Wenn es gilt, den Aspekt des rein Funktionalen herauszustreichen auf seiten des Körpers, in dem die kostbare Seele gleichsam ein Leben lang nur herumspukt. (Eines Tages wird sie sich von ihm trennen und sich verächtlich davonmachen in Richtung Unsterblichkeit. Die freilich nie bewiesen werden kann, weil sie allein abhängt von der Allmacht Gottes, aber es gibt eine Hoffnung auf sie, wenn schon keine Garantie, und diese ist es, die der Angst vor dem Tod die Spitze nimmt, denn wir wissen aufgrund der Natur unserer Seele, daß sie auch ohne Körper bestehen kann und oftmals munter neben ihm herspaziert.) Dies ist Descartes' Konzept, das er in der zweiten seiner *Meditationen* ausführlich entwickelt. Es ist seine ganz private, metaphysische Physiologie, an der er bis zuletzt feilt, am innigsten und mit allem Charme seiner Intelligenz, im Briefwechsel mit der jungen Pfalzgräfin Elisabeth.
Auch hier zeigt sich der Widerspruch, der bei ihm allenthalben zum Vorschein kommt. Einerseits betreibt er mit blutiger Gründlichkeit das Ausspionieren und Zergliedern des Körpers, einschließlich seines Sehapparates, jenes Betrachterauges, andererseits ist ihm aber auch an der Demontage des Betrachters selber gelegen, mehr noch: an der Zertrümmerung jedes Ichs und Selbsts bis zur nackten Potenz, welche denkt, getreu seinem Kampfprogramm, den Geist von den Sinnen abzuhängen (*abducere mentem a sensibus*). Es ist ein Zwiespalt, der ihn beinah

zerreißt in seiner schwankenden Absicht zwischen Bewunderung der Schöpfung (*admiratio*) und Zweifel an ihr (*dubitatio*). Böse Zungen behaupten, sein ganzes System falle, sobald man an irgendeinem der Fäden ziehe, sofort auseinander. Während die armen Tiere, nur weil sie sprachlos sind, zu bloßen Silhouetten ihrer selbst degradiert werden, darf der Mensch sich aus der blinden Natur erheben und wird, wenn schon nicht erlöst, so doch herausgelöst. Er allein tritt als beseeltes, vom Geist modelliertes Wesen in den Vordergrund allen Seins. Sein Körper wird im Unterschied zu dem aller anderen Säuger von einer denkenden Seele plastisch geformt. Wie aber hat man sich diese Formgebung genau vorzustellen? Wie ist solche Wechselwirkung überhaupt möglich, wo doch Geist und Materie für immer und ewig getrennt sind, zwei substantiell völlig verschiedene Dinge? Aber es kommt noch besser: Denn auch Gott ist längst nicht aus dem Spiel in dieser Philosophie, auch wenn böswillige Kritiker behauptet haben, die Schwäche der cartesischen Gottesbeweise entlarve ihren Erfinder als heimlichen Atheisten. Es geht um das Kunststück, drei Gegebenheiten auf einmal auseinander hervorzuzaubern, ohne daß auch nur eine davon im Ärmel steckenbleibt. Da ist zum einen das Denken an sich (Descartes' erste Gewißheit), dann die Idee der Körperlichkeit, deren Ursache außer uns liegt und von der nur die Seele weiß, denn der Körper selbst hat kein Bewußtsein (seine zweite Gewißheit), und schließlich Gott, von allem und jeglichem losgelöst existierend (die dritte Gewißheit) – der infolge seiner Isolation als Ursache ausscheidet. Oder anders gesagt, brutaler: Bewußtsein und Körper und Gott, alles fliegt auseinander. Dabei ist jedes der drei Elemente nur denkmöglich, wenn es in Reichweite der anderen bleibt, in einem stabilen Dreiecksverhältnis. Auf dieser Zusatzklausel gründet Descartes' ganzer Gottesbeweis.

Schon Spinoza löst die fragile Konstruktion auf, indem er Geist und Materie als zweierlei Aspekte des Verstehens einer und derselben Substanz erklärt, einer Substanz, die gleichzeitig Gott ist und auch Natur. »Die Ordnung und Verknüpfung von Ideen ist dieselbe wie die Ordnung und Verknüpfung von Dingen«, heißt es in seiner *Ethik*. Mit anderen Worten: Psyche und Physis sind eins, weil sie einer einzigen Substanz angehören. Damit ist der cartesische Leib-Seele-Dualismus dahingeschmolzen in einer unauflöslichen Identitätstheorie. In ihr gibt es das Sein nurmehr als einen süßen Brei, »der bald unter diesem, bald unter jenem Attribut aufgefaßt wird«. Wir wissen heute, daß es dieser Brei war, aus dem die moderne Physik mit ihren Welle-Teilchen-Parallelismen und ähnlichem sich erhob, während Descartes und sein Weltbild auf Nimmerwiedersehen darin versanken.

Es ist müßig, weiter darin herumzurühren. Das Problem aber ist nicht damit abgetan, daß man es seinem Entdecker als unlösbar ins Grab hinterherwirft. Es beschäftigt uns bis zum heutigen Tag. Man sehe nur die Verlegenheit, in der die moderne Hirnforschung steckt, wenn sie erklären soll, wie der Geist in den Körper kommt, wie aus einer bloßen Ansammlung grauer Zellen Bewußtsein entspringt. Wem damit geholfen ist, der halte sich an das neue Zauberwort *Emergenz* und betrachte Geist als eine Art höherer Ausstrahlung hochspezialisierter Materie. Mit bestimmten Aktivitäten des Gehirnsystems ist dann ein gewisser Surplus-Effekt verbunden, dem man, der Philosophiegeschichte zuliebe, die Bezeichnung Geist nicht verweigern will. Die Anregung zu diesem Zugeständnis stammt wohl aus der Pflanzenphysiologie, wo Emergenz etwas so Apartes meint wie den Stachel der Rose. An seinem Aufbau sind die tieferliegenden Gewebe der Pflanze beteiligt, so wie bestimmte Kletterfasern und pyramidale Strukturen an der Entstehung des Geistes. Aber so passend der Rosenstachel als Metapher auch sein mag, erklärt ist damit noch nichts. Zumindest dann nicht, wenn man unter Bewußtsein mehr versteht als das unmittelbare, dumpfe Gefühl seiner selbst, mehr auch als das grandiose *Ich bin* – mehr sogar als die Schauer, die einem über die Hirnhaut laufen beim Gedanken an dieses schwindelerregende All. Solange man also im Bewußtsein etwas wahrhaft Erhabenes, frei Schwebendes, alles Durchdringendes sieht, etwas, das sich jedem Zugriff, jeder endgültigen Bestimmung entzieht.

Descartes' berüchtigter Substanzdualismus jedenfalls ist nicht damit erledigt, daß man ihn offiziell einkassiert und doch munter in Psychologie und Sprachgebrauch weiterpflegt. Sie ist wohlfeil und besagt wenig, die Rede von der Einheit der Materie, wenn man nur angeben kann, warum aus ihr abwechselnd Rosenknospen, Kalkschwämme, Krokodile und Menschenaffen hervorgehen, aber niemals, woher plötzlich ein Wesen kommt, das Selbstportraits malt und vielstimmige Motetten komponiert. Dieser Monismus auf rechtschaffen quantenphysikalischer und genkombinatorischer Basis wird den Zank der unvereinbaren Phänomene, die Ehekräche in jedem Menschenschädel, nicht zum Verstummen bringen. Descartes gebührt das Verdienst, in bester Philosophentradition, eine Frage aufgeworfen zu haben, die den meisten ihrer Antworten voraus ist und bis heute nicht aufgehört hat, für Unruhe zu sorgen.

Denn es bleibt ja dabei: Das Gehirn ist zuallererst eine Apparatur zur umfassenden Verdopplung der äußeren Welt. Ob nun Camera obscura, Rechenzentrum oder Neuronengenerator – etwas geht darin um, das mehr ist als das bloße Zusammenspiel einzelner Areale. Es gibt einen Unterschied zwischen Geist und Gehirn, und sei es auch nur eine Scheindifferenz im Sinne Spinozas. Die Funktion des Geistes (den man natürlich nie direkt messen und *in flagranti* ertappen wird) scheint nun die Wiederherstellung des Ganzen der Außenwelt in Form möglichst vollständiger Bilder zu sein. Ein aufgeklärter Betrachter mag die Illustrationen in Descartes' Traktat vom Menschen belächeln, ihrem Schema wird er schwerlich entkommen. Es ist dasselbe, mit dessen Hilfe Neurologen sich auch heute noch über ihre Forschungsergebnisse verständigen. Nicht nur ein Körnchen Wahrheit, sondern die reale Funktionsweise des Gehirns steckt in dem Vorgang, der mir von einem eindeutigen Objekt – sagen wir einer Rosenknospe – ein eindeutiges und klar umrissenes Bild liefert: ein Bündel dicht gewickelter Blütenblätter auf einem Stiel. Gemäß der einheitlichen Natur des Denkens stimmen Objekt und innere Ansicht auch nach mehrmaligem Augenschließen noch überein. Das Gehirn hat nur seine Arbeit getan, der Geist aber hat daraus ein vollständiges Hologramm gezaubert, das dreidimensionale Abbild der Rosenknospe.

6 Holland als Unterschlupf

Ende der Abschweifung, und damit zurück nach Amsterdam, wo der Denker in seinem privaten Leichenschauhaus saß. Tag und Nacht war er dort in seine trüben Metzeleien vertieft, ins Vivisezieren und Präparieren, rührte kein Buch an außer den großen, unhandlichen Folianten der Anatomie, arbeitete wie immer ganz auf eigene Faust, seine Beobachtungen in Notizheften sammelnd, die leider allesamt verlorengingen. Einundzwanzig Jahre, mehr als ein Drittel seines Lebens, hält Descartes sich in Holland auf, in wechselnden Unterkünften, mit Vorliebe inkognito, schwer aufzuspüren und oftmals nur brieflich erreichbar. Wenn er sich zurückzog aufs Land, gelangte die Post nur durch ein ausgeklügeltes Botensystem in sein Nest. Es gab viele Gründe, die für ein Leben in Holland sprachen, vom Nahrungsmittelüberfluß bis zur Meinungsfreiheit, die konkurrenzlos war in der damaligen Welt. Batavias Glanz und Wohlstand spielten eine Rolle, wie auch die Tatsache, daß es erstmals in der Weltgeschichte ein bürgerlicher Wohlstand war, erworben ganz ohne Revolution, fest gegründet auf die Ausbeutung weit entfernter Kolonien. Zu den Schlaraffenlandphantasien trug auch die Ferne zu den Schlachtfeldern der Gegenwart bei, zum Rest des wölfischen Europa mit seinen Konfessions- und Erbfolgekriegen. Dieses flache und fruchtbringende Stück Erde, dem Meer abgetrotzt, ein kleiner Fetzen Überschwemmungslandschaft, von der rauhen Nordsee zernagt, bot mit seinen tief sich hinziehenden Horizonten geradezu schwindelerregende Perspektiven. Man müßte, wie die Malerei der Niederländer es vorgeführt hat, ein allegorisches Bild der fünf Sinne entrollen, um eine Ahnung davon zu vermitteln, wie diese kleine tapfere Nation seinerzeit prosperierte. Dank Seefahrt und Handwerkerfleiß, Welthandel und Ingenieursgeist war sie in vielen Bereichen tonangebend, in Technik und Mode und städtischer Lebenskultur ihren Nachbarn um Nasenlängen voraus. Ein Holländer war es, der Linsenschleifer Hans Lippershey aus Middelburg, der als erster ein Fernrohr zusammenschraubte; und Galileis Entdeckung der Jupitermonde wäre ohne die optische Technologie aus dem Norden unmöglich gewesen. So klein die Vereinigten Provinzen der Niederlande auch auf der Landkarte erschienen, zwei der wichtigsten Erfindungen der Epoche, die Druckerpresse und das Fernrohr, sorgten dafür, daß sie sich nach Belieben ausdehnten. Neben der holländischen Schiffsbaukunst, weltweit einzigartig, die immer neue Modelle hervorbrachte, waren es diese magischen Instrumente und Medien (später ergänzt durch das Mikroskop), dank deren der neugierige, streitsüchtige und geschäftstüchtige Bürger in fernste Fernen gelangte. Das Gefühl, die Welt liege ihm zu Füßen, muß einem aktiven Mitglied dieser mächtigsten Handelsnation ihrer Zeit so selbstverständlich gewesen sein wie dem Bewohner des alten Rom oder einem heutigen New Yorker. In einem Brief an den erwähnten Schriftstellerfreund Balzac stimmt Descartes ein wahres Loblied auf seine Gastgeber an. »Kennen Sie ein anderes Land, wo man so frei ist und so ruhig schläft? Wo ständig eine Armee unter Waffen steht und über die Sicherheit wacht; wo Giftmorde, Verrat oder böse Taten so unbekannt sind?«

Für einen wie ihn war Holland der ideale Unterschlupf. In diesem einzigartig liberalen Land konnte man untertauchen, seinen Projekten nachgehen, unbehelligt von kirchlicher Kontrolle die gefährlichsten Ideen entwickeln, mit einem Wort: wahrhaft frei sein. Es ist viel gerätselt worden, warum das Versteckspiel eine solche Konstante in seinem Leben war. Ein Hang zum Theatralischen hatte sich früh bemerkbar gemacht, eine Vorliebe zum verdeckten Agieren, mit dem Effekt, daß gerade die Unauffälligkeit betont auffällig wirkte und einen ganzen Haufen Verehrer und Schüler anzog, die es durch immer neue Finten und falsche Fährten abzuschütteln galt. Zu allem Überfluß kam, ein getreuer Schatten der Auserwählten, noch eine unbestimmte Angst hinzu, die ihn zeitlebens begleitete und sich mitunter zum handfesten Verfolgungswahn steigern konnte, der jähe Ortswechsel unvermeidlich machte. Ein wiederkehrender Traum des Descartes ist der vom Verschwinden, vom Unsichtbarwerden inmitten der Menge, und er ist vollkommen logisch, wenn man die Angst vor Entdeckung als die typische Angst des Entdeckers begreift, seine Lehre aus dem Fall Galilei, der ihm warnend vor

Augen stand. Der kleine Mann fühlte sich, wenn er sich nicht gerade unter Hollands weiten Himmeln, in irgendeinem Provinznest allein mit dem Universum, in tröstliche Astronomie versenkte, nur im urbanen Gewimmel so recht geborgen. Der wohl namhafteste Philosoph seiner Zeit war einer der ersten, der die Anonymität des Großstadtbewohners zu schätzen wußte. In Amsterdams weltstädtischem Straßentreiben war es ihm, zurückgezogen ins Selbstgespräch, wie in tiefster Wildnis zumute. Der Brief an Balzac feiert geradezu die Einsamkeit unter den Vielen als eine Intensivierung des Ichs. Er ist ein außerordentliches Dokument in der sonst so trockenen Philosophiegeschichte, zeigt er uns doch den modernen Flaneur in überraschender Frühe, in seinem barocken Larvenstadium. Man staunt, wenn man unter dem Datum des 5. Mai 1631 liest: »Ich gehe jeden Tag mitten im Wirrwarr einer großen Bevölkerung mit ebensoviel Freiheit und Ruhe spazieren, wie Sie es in Ihren Alleen tun würden, und betrachte die Menschen, die ich dabei sehe, nicht anders als die Bäume, die man in Ihren Wäldern trifft, oder die Tiere, die dort grasen. Selbst das Geräusch des Gewerbes unterbricht meine Träumereien nicht mehr, als es das irgendeines Baches tun würde. Wenn ich zuweilen Überlegungen über ihre Tätigkeit anstelle, ziehe ich daraus dasselbe Vergnügen wie Sie bei dem Anblick von Bauern, die Ihre Felder bebauen; denn ich sehe, daß ihre Arbeit dazu dient, die Stätte meines Wohnsitzes zu verschönern und zu bewirken, daß es mir dort an nichts fehlt. Wenn es Vergnügen bereitet, die Früchte in Ihren Obstgärten wachsen zu sehen und bis zu den Augen im Überfluß zu stehen, so glauben Sie mir, daß es wohl ebensoviel bedeutet, Schiffe hier ankommen zu sehen, die uns reichlich verschaffen, was Indien hervorbringt und was es an Seltenem in Europa gibt.«
Wieder ist es der Blick auf den eigenen Seelengrund, der den

neuen Typus zutage fördert. Es ist der Weltenumrunder, der transkontinentale Kolumbus-Mensch, der hier zu Hause bei sich selbst angelangt ist. Ein unabsehbares Reich hat sich ihm aufgetan: das der Seele mit ihren eigenen Universalien. Der Philosoph genießt seinen Status als verdeckter Ermittler. Niemand weiß von dem funkelnagelneuen Erkenntnisorgan, das er mit sich im Innern herumträgt, als Sammellinse für die ihn umgebende *Zichtbaere Werelt*. Das Amsterdam, von dem hier die Rede ist, war ein Ort, in dem man als Ausländer nicht weiter auffiel. Um 1648 hatte die Stadt an die einhundertfünfzigtausend Einwohner und gehörte damit zu den größten Europas. Als *Venedig des Nordens* haben es die einheimischen Barden verherrlicht, Leute wie Vondel, Huygens oder Tengnagel, als eine Stadt, die nicht nur pittoresk und abwechslungsreich war dank ihrer Grachten, sondern auch reichlich begrünt entlang der Wasserwege. Bedenkt man, daß Seewind hier an jeder Ecke in den Blättern von Ulmen und Linden rauschte, war das Bild vom Wald buchstäblich aus der Luft gegriffen. Nicht wenige der roten Backsteinhäuser mit ihren spitzen Giebeln lagen im Schatten ausladender Baumkronen. Die Stadt war verzaubert, sobald man dahinterkam, wieviel sie dem Holz der Wälder verdankte. Draußen im Hafen der Zuider See schaukelten die Kauffahrtschiffe vor Anker, große, bauchige Koggen, angefüllt mit den Naturschätzen tropischer Länder. An den Docks lagen Holzbalken aufgestapelt zum Trocknen, und drinnen auf den Kanälen sorgten Lastkähne und Boote aller Art für den Transport von Kisten und Fässern. Überall gab es Baustellen, wie in jeder modernen Stadt; kleinere Häuser wurden abgerissen zugunsten der größeren Neubauten im Villenstil. Die Straßenszenen, gespiegelt in den allgegenwärtigen Wassern der Amstel, ergaben sich aus den üblichen Verkehrshindernissen (hier ein Trauerzug, eines verstorbenen Kindes wegen, dort ein Auflauf um einen zerbrochenen Spiegel im Goldrahmen, da ein umgestürzter Karren mit Schweinehälften) sowie aus der Tatsache, daß es in manchen Gassen einfach zu eng war für zwei höflich aneinander vorbeischreitende Bürger.

Es heißt, Descartes sei dort mehr zu Pferd unterwegs gewesen als in der Gondel, was man jedoch bezweifeln darf. Denn selbst ein Snob (der er niemals war), ein geschickter Reiter (dies schon eher) würde in Amsterdam nur höchst beschwerlich vorangekommen sein, wenn er sich hoch zu Roß einen Weg durch die Menge zu bahnen versucht hätte. Auch ein Edelmann wird lieber abgestiegen sein, als den Volkszorn herauszufordern mit seinen extravaganten Manieren. Das schnelle Vorankommen war ein seltener Luxus, erzwungene Beschaulichkeit auf den bevölkerten Brücken, unter all den geschäftigen Bürgern, die Regel. Zu den Privilegien des Doktor Tulp gehörte es unter anderem, daß er bei Tag und Nacht in der eigenen Kutsche vorfuhr, wenn seine Patienten nach ihm verlangten.

7 Rembrandt übersieht Descartes

So wird man sich ihn wohl eher als Fußgänger vorstellen müssen, den Mann, dessen flüchtige Spur ein Eintrag im Album der Amsterdamer Universität knapp bezeugt. Unter dem Datum des 16. April 1629 steht da: »Renatus Descartes gallus philosophus«. Es ist nicht leicht, sich ein Bild zu machen vom Alltagsleben dieses Phantoms in der rührigen Metropole, von seinen Spaziergängen und Marktbesuchen, den verschwiegenen Streifzügen bei Nacht und Nebel; ich will es dennoch versuchen. Denn hier könnte der Kreis sich schließen, in einer Nacht mit Schneefall, die eine Überraschung bereithielt für einen so wachsamen Geist. Es war auf einem der ausgedehnteren Rundgänge, die dieser Eigenbrötler im Schutz der Dunkelheit gern unternahm. Von seiner Wohnung in der Kalverstraat war er aufgebrochen, vorbei an den zahlreichen Buchhandlungen dort, den Kunst- und Landkartenläden, in denen es alles zu kaufen gab, was die Kupferstichwerkstätten eines Rembrandt und seiner Kollegen nur hergaben. Über den Dam-Platz mit dem Rathaus war er zum Rokin gelangt, hatte die mächtige Börse passiert, die über dem Wasser erbaut lag, und weiter ging es im schwungvollen Bogen zur Grimnesse-Schleuse, die er rechterhand liegen ließ, das städtische Krankenhaus streifend, und über den alten Torf- markt nach der Doelenstraat, weiter und immer weiter. Atem- wölkchen standen ihm vorm Gesicht, hin und wieder vertrieb er sie mit seinem Stulpenhandschuh. Die Luft war schneidend kalt. Im Osten erblickte er, schemenhaft grau, den Turm der Westerkerk, zur Hälfte noch eingerüstet, der einmal die höchste Erhebung der Republik werden sollte, ein weithin wirkendes Symbol calvinistischer Glaubensstrenge, mit seiner goldenen Krone ein Wahrzeichen des Wohlstands. Zu seinen Füßen fand, dreißig Jahre später, einer der unergründlichsten Maler, der je gewirkt hat, seine letzte Ruhestätte, hoffnungslos verarmt und von all seinen Lieben verlassen.

An diesem grimmigen Winterabend war Descartes, trotz der abschreckenden Witterung, also vor die Tür getreten. Es ist er- staunlich, wie sehr die Schilderung, die er uns in seiner Schrift über die Meteore von dem Erkundungsgang gibt, den Traumbil- dern gleicht, die den Dreiundzwanzigjährigen schon in seinem Winterasyl in Deutschland heimgesucht hatten. Wie gesagt, die Abhandlung beschäftigt sich mit dem unaufhörlichen Wirbeln und Wandeln der Materie, den fortwährenden Übergängen vom flüssigen in den festen Aggregatzustand und wieder zurück. Es geht darin um die turbulenten Prozesse innerhalb der Erdatmosphäre, die den Planeten zur Wetterküche machen. Verheißungsvoll ist schon der Titel: *Über den Schnee, den Regen und den Hagel,* zur Sensation aber wird das sechste Kapitel der Schrift durch den Auftritt des Autors selbst. Es hat seinen Reiz, sich auszumalen, daß Descartes nicht ganz unbeobachtet blieb in jener verhagelten Nacht. Nehmen wir an, es habe ihn schließlich in die Umgebung des Zwanenburgwals verschlagen. Da irgendwo wird er sich untergestellt haben, an einer der überdachten Anlegestellen. Vielleicht hat er auch Schutz unter den Lindenbäumen gesucht, die hinter der Zugbrücke der St.-Anthonies-Schleuse besonders dicht gruppiert standen. Von dort aus sah er dann, wie die Hagelkörner auf die Wasserfläche prasselten und zurücksprangen, als hätte eine unsichtbare Hand Hunderte, Tausende Perlenketten zerrissen, und je länger er hinsah, um so größer wurden die einzelnen Perlen, zuletzt taubeneigroß. Vom Haus gegenüber in der Breestraat mochte ihn über die Gracht hinweg die ganze Zeit jemand beobachtet haben, der dort im Halbdunkel stand seines Ateliers voller Leinwände und Staffeleien. Die stachelige Wange an den braunen Hummelpelz einer dicken Samtportiere gedrückt, spähte er angestrengt nach draußen in das ungemütliche Wetter. Der kleine Mann unter den sturmgebeugten Linden könnte ihn interessiert haben, schon darum, weil jener von untersetzter Statur war (Rembrandts Abneigung gegen alles Hochaufgereckte ist bekannt) und weil er so herzergreifend eingekrümmt dastand in Abwehr der Hagelkörner. Darüber hinaus scheint er, als Motiv, kaum weiter in Frage gekommen zu sein. Hätten wir sonst nicht eine Zeichnung von ihm, die den Moment in gewohnter Lebendigkeit festhält, ein kleines Blatt mit dem Titel *Mann im Hagelsturm*?

So kann es gewesen sein, so oder ganz anders. Strengen wir unsere Phantasie ein wenig an: Was wir haben, ist Descartes' eigener Erlebnisbericht, zu dem man sich die Rembrandtsche Radierung nur hinzudenken muß. Man beachte die präzisen Formangaben, die sich in den Abbildungen der Originaledition niederschlugen. Es leuchtet ein, wenn der erklärte Empiriker angibt, die Beobachtung, die er damals machte, sei der Grund gewesen, die Schrift zu verfassen. Aus einem verhagelten Spaziergang gewinnt Descartes einen ganzen Traktat. Es ist, als habe da einer zum ersten Mal hingeschaut. Mit eigenen Augen entdeckt er das hexagonale Wunderwerk dieser Schneeflocken, Hagelkristalle und Eisknäuel aus nächster Nähe, den perfekten Zuschnitt, die vollkommen winkelgleiche Konstruktion. Man sieht ihn träumen, den Rationalisten, voll Trauer, daß es dem Menschen unmöglich ist, jemals etwas so Exaktes herzustellen. Es ist sein ureigener Gottesbeweis, erblickt in den Meisterstücken eines himmlischen Kristallographen.

»Damit Sie nicht denken, das, was ich hier rede, sei bloße Meinung, will ich Ihnen von einer Beobachtung berichten, die ich im vergangenen Winter 1635 gemacht habe. Am vierten Februar – die Luft war tags zuvor extrem kalt gewesen – fiel am Abend in Amsterdam, wo ich mich gerade aufhielt, ein wenig *Glatteis*, das heißt Regen, der gefriert, sobald er den Erdboden erreicht; und hinterher folgte ein überaus feiner Hagel. Ich fand heraus, daß seine Körnchen nur unwesentlich größer waren als diejenigen, die unter H dargestellt sind, sowie daß sie Tropfen des gleichen Regens gewesen waren und in höheren Luftregionen gefroren sind. Obwohl die Tropfen zweifellos vollkommen rund waren, hatten sie dennoch eine Seite, die merklich flacher war als die anderen, derart, daß ihre Form nahezu dem Teil unseres Auges glich, den man die Linse nennt.

»Monsieur Kratz«

Ein Landgasthof, die enge Stube voll mit Bauern:
Rauschschwarz Gebälk, Holzbänke, Fässer, schiefe Schemel.
Besoffne, offnen Mauls schnarcht das, verrenkt und unbequem.
Er hat bestellt. Die Magd schlurft weg. Jetzt kann es dauern.

Ein Bier und ein Omelette. Die Ewigkeit steckt in dem *und*.
Wie derb hier alles war und wenig schön. Ach ja: das Schöne –
Das ist, denkt er, woran die Sinne niemals sich gewöhnen.
Er aber langweilt sich, tritt unterm Tisch den eignen Hund.

Er träumt von Trauben, frischen Austern, Jakobsmuscheln.
Studiert das Kerzenlicht, wie es, gefiltert durch ein Haar,
In Farben sprüht. Selbst ist das Hirn, es produziert die Bilder
Im größten Wirtshauslärm, wo alles mault und tuschelt.

Er weiß, die Erde dreht sich und mit ihr der Tisch. Und Galilei
Hat recht: die Sonne steht im All, fixiert, wir aber schweben.
»In welchem andern Land kann man so friedlich leben?«
Schreibt er aus Holland. Er vermißt den Schnee.

Was winselt da? – Dasselbe Instrument
Macht diesen traurig und leiht jenem Flügel.
Klar, daß ein Hund, zum Geigenklang verprügelt,
Beim ersten Bogenstrich erbärmlich flennt.

Wer winselt da? – Mon Dieu, er hat's!
Den Klagelaut (Fis-Fis) kennt er nur allzu gut.
Durch all das Dudeln, Schneuzen, Füßescharren
Ruft ihn sein Hund. Der arme »Monsieur Kratz«.

›Gib Ruh, mein Freund, sitz still. Mit oder ohne Seele,
Hier hört dir keiner zu. In diesem Zwischenreich
Von Mensch und Tier wird sich kein Stein erweichen.
Kein Mitgefühl, nur Branntwein glüht da in den Kehlen.‹

Er schaut umher. Die halbe Menschheit ist hier präsentiert
Wie auf dem Hackklotz einer Metzgerei. Und die Affekte,
Von Topf zu Pfanne springen sie, aufs Steinzeug wie die Zecken.
Und er, Descartes, hockt mittendrin vor seinem Bier.

Und variiert … »Passions de l'âme« … sein großes Thema.

Ein Pionier ist er: Ariadnes Garn, im Körperlabyrinth –
Er spult es auf. Er ist dabei, allmählich zu kapieren,
Ein Zaungast hier in Brouwers kleiner Welt und der Teniers.
Entwirren will er, Philosoph, den Wirrwarr, der wir sind.

Das rauft sich gern. Erst gestern ging es hier hoch her.
Nun brüten sie und schmauchen Pfeife, brave Heringsesser.
Und aller Ärger ist, wie unterm Tisch der Hund, vergessen.
Sein guter Biberhut hängt überm Stuhl, so steif wie er.

Soll er hier locker werden? Warum nicht. Beim Tricktrackspiel
Gibt man ein Gänse- für ein Hühnerei, und läßt dann beide.
Der arme Wirt: die meisten stehen bei ihm in der Kreide.
Ein Zinnkrug knurrt, ein Löffel nölt. Er trinkt zuviel.

Und dann? – Nein, kein *Und dann*. In dieser Spätherbstnacht

Am Zeedijk, satt, ist er mit sich im reinen. Selbst Corneille,
Sein Bruder Seelenkundler, der Tragödiendichter, hat –
(Er lauscht der fernen Nordsee, deichebrechend, rauhe See)
Bei aller Süße seiner Poesie nicht mehr als er vollbracht.

CADVCA FLVXA VANITAS.
Absq; rota molem tantam uehat ergo Cupido?
Sed Fortuna rotat: non caret ergo rota.
Wolfgang Kilian sculp.

Thema für ein gut gefügtes Gehirn

»Pourquoi Descartes?« Mit diesen Worten überraschte mich eines Tages ein höflicher Herr im braunen Zweireiher, am Ende
einer Dichterlesung in einer Berliner Buchhandlung, nachdem
der gesellige Teil begonnen hatte. Es lag deutlich ein offizieller
Unterton in der Frage, und der Mann ließ keinen Zweifel daran,
daß er eine sachliche, möglichst erschöpfende Antwort erwarte-
te, denn er war niemand anderer als der französische Botschafter.
Er hatte mir die Ehre erwiesen, zur Vorstellung eines Buches
mit dem Titel *Vom Schnee* anwesend zu sein, er hatte geduldig
der Deklamation gelauscht, an einer Geisterbeschwörung teil-
genommen, nun war der Verfasser ihm eine Erklärung schuldig.
Er sollte begründen, warum ihm ausgerechnet dieser eine, der
notorische französische Philosoph, Synonym für den Geist der
Grande Nation, zum Anlaß für ein Verspoem von beinah drei-
tausend Alexandrinern geworden war.

»Sie wissen, wie Kierkegaard von ihm sprach? Einen alten, ausge-
dienten Streiter hat er ihn genannt, und das in vollster Bewunderung.« So diplomatisch die Erwiderung ausfiel, sie war eindeutig
nicht das, was der Politiker hören wollte. Es sei ungewöhnlich
im heutigen Europa, so der Botschafter, daß ein Außenstehender
sich für einen Eingeborenen des französischen Pantheons inter-
essiere. Er staune über die Begeisterung des Ausländers, könne
sie aber, gerade bei einem Deutschen, nur schwer nachvollziehen.
Gut möglich, daß ihm da etwas entgangen sei, als man ihn im
Lyzeum mit dieser durch und durch kanonisierten Figur traktiert
habe im zarten Knabenalter. Ob ich wüßte, wie viele Schulen und
Gymnasien in seinem Land diesen Namen trügen, daß jede kleinere Provinzstadt ihn unweigerlich im Straßenverzeichnis führe?

»Sie werden es nicht glauben«, sagte ich, »aber einer der schönsten Momente meiner wiedergewonnenen Freiheit war, irgendwann im Frühjahr 1990, der Tag, als ich in Paris an einer Kreuzung stand und das blaue Straßenschild las: *Rue Descartes*. In diesem Augenblick hüpfte mir vor Freude das Herz unterm T-Shirt. Ich war damals 28 – nicht mehr das Alter für große Gefühle – und doch den Tränen nahe. Warum Descartes? Weil es einer dieser Namen ist, auf die man ein halbes Leben lang wartet, und dann blinzelt er einem von einer alten Häuserwand zu, in der lieblichsten, runden Kinderbuch-Typographie, weiß auf Blau. Damals war ich gerade auf ein Gedicht eines polnischen Meisters gestoßen, Czesław Miłosz. *In Umgehung der Rue Descartes / Verschwand ich in Richtung Seine, scheu, ein Reisender / Ein junger Barbar, angekommen in der Hauptstadt der Welt.* Verstehen Sie, nur ein Idealist kann so denken, der Idiot aus Osteuropa oder ein unverbesserlicher – Impressionist.«

»Was hat der Impressionismus mit dem alten Descartes zu tun?« wollte Monsieur l'Ambassadeur wissen, nicht ganz zu Unrecht. »Sagen Sie es mir, Sie sind Franzose. Ich weiß nur, da war dieser Name, wie geschaffen für mich.«

Hier brach das Gespräch ab. Seine Exzellenz, plötzlich lebhaft, sah auf die Uhr und entschuldigte sich, anderen Terminen entgegeneilend, doch hatte ich den Eindruck, der Mann war nur mäßig überzeugt und nahm das ganze als Spleen meinerseits. Was hätte ich ihm auch sagen können, ihm, dem geborenen Westeuropäer, dem späten Angehörigen einer Nation von Aufklärern und Freigeistern, für den der Chevalier Descartes nur ein alter Hut war? Daß mir der Name ein Inbegriff ist für das freie Subjekt, den autonom denkenden und handelnden Menschen? Daß ich in ihm den Klangkristall höre – und sehe –, der an sich schon magische Qualitäten besitzt? Man kommt nie zu Ende damit, ihn auszubuchstabieren. Immer ergeben sich neue Anagramme, vielsprachige Bruchstücke, manche unübersetzbar wie Teile aus einem barocken Rätsel, in dem der Schlüssel zum Innersten der modernen Seele liegt. Ich höre ihn, und wie ein Sirenenruf zieht es mir durchs Gemüt und erinnert mich an mein mechanisches, vorprogrammiertes Herz, das demnächst vielleicht schon zerspringt. Es ist ein sinnbildhafter, ein emblematischer Name, in dem es neben vielem anderen von englischen Schreibtischen spukt, von Taschenspielertricks, rechteckigen Schlachtordnungen, Ballettfiguren und einer anonymen Deutschen.

Einer der ersten, dem dies aufgefallen ist und der darüber ins Grübeln geriet, war Baillet, sein williger Biograph. »Cartesius – so sagt er – sei ein Phantasiename, durch den ihn die Leute nicht mehr kennen und mit dem er seine Eltern verleugnet. Der Ausgang hat gezeigt, daß er noch andere Gefahren diesbezüglich zu befürchten hatte, denn einige seiner Feinde nannten in *Cartaceus Philosophus*«, das heißt Papierphilosoph, abgeleitet vom Lateinischen *carta* für Papier. Letzteres, man weiß es, war immer die schlimmste Kränkung für den Schriftsteller, der auch so den Verdacht nie los wird, er sei im Grunde nichts als ein Haufen raschelnden Papiers, ein papierenes Wesen. Für Freudianer bemerkenswert ist der Hinweis auf die Verleugnung der Eltern. So kennt man ihn und stellt ihn sich vor, den geborenen Philosophen, das Geschöpf einer Selbstzeugung oder mindestens Parthenogenese, bei der die Jungfrau Mutter ihren Familiennamen verliert; jedenfalls stirbt sie früh, möglichst schon wenige Tage nach der Geburt ihres meteoritenhaft auftauchenden Sohnes. Damit stimmt auch folgende Einzelheit überein, ein Fall biographischer Fälschung: Descartes hat immer behauptet, seine Mutter, eine geborene Jeanne Brochard, sei schon wenige Tage nach seinem Erscheinen im Kindbett gestorben. Psychoanalytiker aufgepaßt: Neueren Recherchen zufolge starb sie erst ein Jahr später, nach der Geburt ihres zweiten Kindes, das jedoch nicht überlebte! »Später aber«, fährt sein Gewährsmann für die Ewigkeit fort, »erkannte er selbst, daß *Cartesius* besser als *Descartes* im geschriebenen Latein klingt. Das wird heutzutage auch durch die Anhänger bestätigt, die sich in unserer Sprache *Cartesianer* und nicht *Descartesianer* nennen.« Dies war der Mann, von dem hier die Rede ist im Ton einer lyrischen Huldigung. Aber warum ausgerechnet Descartes?

An dieser Stelle ist ein Exkurs angebracht, der wahrscheinlich auf Abwege führt, dennoch sei er gewagt. Die ganze Zeit schon spukt eine Frage im Hintergrund, die vom Zentralgedanken des Cartesianismus selbst diktiert wird. Nehmen wir an, der hier spricht, sei eher Dichter als Philosoph, dann drängt sie sich zwangsläufig auf. Was, so fragt sich, hat die große Entdeckung des Franzosen, sein *Ego cogito*, das der Philosophie auf die Sprünge half, mit poetischer Intelligenz zu tun? Dieses umtriebige, erkenntnisstiftende cartesische Ich und jene andere, gleichfalls imaginäre Größe, das poetische Ich: In welcher Beziehung stehen sie zueinander? Reicht es zu sagen, sie seien sich ebenbürtig, jedes für sich eine weltenschaffende, welteninfragestellende Instanz? Hat es sie nicht schon seit langem gegeben, unabhängig voneinander, in schönster Autonomie? Oder ist das eine, Descartes' Cogito-Ich, der Wegbereiter des anderen gewesen, ihr Verhältnis also das von Original zu Kopie?
Descartes hatte, als er nach seinem *Cogito* grub, bekanntlich nicht die Zweifel eines beliebigen Privatmenschen im Sinn. Ihm ging es um ein systematisches Zweifeln, solange, bis man etwas Unbezweifelbares gefunden hätte. Sein Metier war nun

einmal nicht Psychoanalyse, auch nicht Literatur, sondern Erkenntnistheorie. Folglich durfte er sich auch nicht mit diesem Zufalls-Ich aufhalten, dem des Autors René Descartes. Worauf es ihm ankam, war die Gewinnung von reinem Selbstbewußtsein, einem Rohstoff, aus dem alles andere, vom perfekten Spiegelglas bis zum Perpetuum mobile, sich dereinst herstellen ließ. Es ist dieses agile cartesische Ich, das hinter allen Gedankenexperimenten steckt und die Forschung vorantreibt, ein Pragmatiker- und Laboranten-Ich, das mit Hypothesen um sich wirft und Naturgesetze erntet. Mit einem Tigersprung durchquert es Räume und Zeiten, treibt die Raumfahrtprogramme voran, kommt den Viren auf die Spur und den Genen und hangelt sich an luftigen Terminologien immer tiefer hinein in die Wissensgebiete. Seine Stärke ist die Nachahmung der Natur, die Aushorchung ihrer kleinen, wohlbehüteten Geheimnisse. Doch während es spielend chemische Strukturen aufdeckt und Kunststoffe synthetisiert, ist ihm eines niemals geglückt: die Synthese von reinem Selbstbewußtsein auf der Basis strengster Logik.

Denn das hochkarätige Ego, dem Descartes nachjagte, war aus heutiger Sicht nicht der Stein des Weisen – sondern ein bloßes Sprachproblem. Weil *denken* nun einmal kein intransitives Verb ist wie *regnen* zum Beispiel (von den redensartlichen Bindfäden, Katzen und Hunden einmal abgesehen), bringt es den Gegenstandsbezug immer schon mit sich. Doch nicht nur das: Es zaubert auch das Subjekt des Satzes von selber herbei. Sein »Ich denke, also bin ich« wäre demnach vor allem gut geölte Grammatik. Damit aber sind wir vor der eigenen Haustür angelangt, beim lyrischen Ich. Sein Element, wenn irgend etwas, ist Sprache: Aus ihr geht es hervor, von ihr nährt es sich, in ihr bewegt es sich wie der Fisch im Wasser. Kurzum, ihr verdankt es alles, was es je sein wird. Es gibt kein lyrisches Ich außerhalb der Sprache.

Aber nicht nur das, es gibt auch kein lyrisches Ich ohne den allesentscheidenden Geburtsfehler. Sein Makel ist der Zufall der Existenz. Während das kognitive Ich aus der Weltbeherrschung entsteht, indem es das Reale erfaßt, berechnet, vermißt und gestaltet, konzentriert das lyrische sich ganz auf die Anschauung. Es lehnt sich zurück und geht den Tag- und Nachtträumen nach, den Phantasien, Nachbildern, Erinnerungen. Eine seiner Bestimmungen lautet: Es ist der Statthalter der Stimme, wobei Stimme sich als der Logos der Rede erweist, die sinnstiftende Elementarkraft im Vers. Das lyrische Ich wäre demnach jene Steuerungsinstanz, die den Geist in die Gedichtzeilen schmuggelt, während die Sinne beschäftigt sind mit der Wahrnehmung der Welt.

Im Moment der Wahrnehmung aber sind beide Subjektformen verwandt wie eineiige Zwillinge. Was ist von den Irritationen zu halten, die das kognitive Ich bei seiner Geburt erfährt? Descartes faßt, nachdem ihm aufgefallen ist, daß die gleichen Vorstellungen, die er im Wachzustand hat, ihn auch im Schlaf heimsuchen, den Entschluß zu einer Fiktion. Fortan will er so tun, als sei nichts, was ihm je in den Kopf kam, wahrer als die Trugbilder seiner Träume. Aber ist dies nicht auch die Maxime, nach der jeder halbwegs konsequente Künstler verfährt? In beiden Fällen geht es um denselben Akt von Bewußtwerdung, um einen Salto mortale, bei dem als letzte Gewißheit nur dieses Ich zurückbleibt, das durch alle Sinnestäuschungen hindurch unbeirrbar am Denken festhält. Descartes gesteht sich den doppelten Boden offen ein, wenn er sagt: »Wie lange aber bin ich? Nun, solange ich denke.« Kein Dichter, der das nicht von sich sagen könnte. Mit einer minimalen Abwandlung freilich: »Wie lange bin ich? Solange ich imaginiere.«

Die Dichterseele gleicht dabei dem bereits erwähnten Flaschenteufelchen, wenn sie unterm Druck der Vernunft auf und ab tanzt. Sie ist der cartesische Taucher, der zuletzt doch immer wieder an die Oberfläche der Erscheinungen zurückfindet. Dort, dicht unter der Gummihaut, die ihr Refugium von dem wahren, unermeßlichen Außenraum abtrennt, ist ihr liebster Aufenthaltsort. An dieser Stelle fühlt sie sich seit zirka siebentausend Jahren zu Hause.

Die Zahl ist nicht ganz willkürlich gewählt. Das poetische Ich, wie wir es heute kennen, läßt sich mindestens auf das Mittlere Reich der ägyptischen Pharaonenzeit zurückdatieren. Es ist zunächst weiblichen Geschlechts und ungefähr so alt wie die ältesten überlieferten Liebesgedichte, in denen eine junge Palastdame Sorge um ihren Teint trägt, ein Zofe ihren Liebhaber mit Zaubersprüchen behext. Lange Zeit anonym, erhält es in Griechenland, fünfhundert Jahre vor Christi Geburt, seine ersten Namen und die dazugehörigen Gesichter: Sappho und Alkaios. Auf seinem Flug durch die Jahrhunderte wechselt es immer wieder Beruf, Alter und Geschlecht. Mal verbirgt sich hinter ihm ein Satiriker, mal ein Troubadour, mal ein Haudegen. Einmal kommt es gelehrt daher und trägt einen Doktorhut, dann wieder pfeift es mit den Ratten in der Gosse um die Wette. Zu Descartes' Zeiten etwa verschanzt es sich ganz hinter pompösen Versmaßen, in präziser Metrik schwankend zwischen Weltschmerz, Glaubenseifer und Frivolität. Nach den barocken Elevationen gelangt es zunächst in die ruhigeren Fahrwasser der Empfindsamkeit, dann in die reißenden Strudel der Geniezeit des Sturm und Drang, später wird es in ganz Europa klassizistisch geschmeidig, bevor es aufs neue zu singen beginnt und im Kunstlied auch musikalisch zu sich kommt.
Währenddessen hatte die Wende sich längst vorbereitet. An ihrem Ende, das mit dem des neunzehnten Jahrhunderts zu-

sammenfällt, steht ein weitgehend aufgelöstes lyrisches Ich. Es ist nun endgültig verborgen in einem raffinierten Zusammenklang freischwebender Silben. In seinen ätherischsten Momenten scheint aus ihm das Unbewußte der Sprache selbst sich zu äußern. In solcher Auflösung aber, in den objektfernen Verskristallisationen einiger absoluter Dichter, ist es dem inneren Seelenleben näher als je ein romantisches Ich. Das alles spielte sich in einem Zeitraum ab, der ungefähr von Novalis' *Hymnen an die Nacht* reicht bis zu Mallarmés *Nachmittag eines Fauns*. Wie vielsagend ist dabei allein schon der Wechsel der Tageszeiten.

Sieht man genauer hin, so gleichen die Transformationen des lyrischen Ichs auffällig denen, die das Cogito-Ich durchmachen mußte in der Geschichte der Phänomenologie. Die Resultate ähneln sich auf erstaunliche Weise. Hier wie da zeigt sich dieselbe Überwindung des Psychologismus, der gleiche Prozeß einer schrittweisen Ausklammerung der Realität, der im Falle der *Poésie pure* von den Sinnwächtern umgehend als L'art pour l'art gebranntmarkt wurde; hier wie da aber auch dieselbe Hinwendung zum Objektiven. Die Vertreter des angelsächsischen Imagismus schworen auf ein sogenanntes *objective correlate*, die genaue Verbalverbindung, die Psyche und Physis kurzschließen sollte. Von den russischen Akmeisten wird derselbe Sachverhalt in die Formel vom Wort als Baustein gefaßt. Ihre Poetik war Architektur, und Dichten bedeutete ihnen, den Raum zu hypnotisieren. Sie träumten von einer Sprache, in der das Phänomen in die zehnte Potenz erhoben, die Realität ungeheuer verdichtet war. Das Ureigene der Dichtung sind die nur und ausschließlich subjektiv erlebbaren Zustände. Im Laufe ihrer Geschichte hat sie dafür die verschiedensten Kosenamen gefunden, von der Epiphanie, der synästhetischen Trance bis zur profanen Erleuchtung usw. Man kann sich die Gelassenheit, mit der sie den

Bewußtseinstheorien der Philosophen, den hektischen Erklärungsversuchen der Neurologen gegenübersteht, nicht gelassen genug vorstellen. Es mag hart klingen, aber keiner der hilflosen Versuche, das Phänomen Geist zu umzingeln, hat sie im mindesten beeindruckt. Ihre natürliche Idiosynkrasie, ihr angeborener Widerwille gegen Vereinfachungen (und jede Theorie vereinfacht) hat sich noch immer als stärker erwiesen.

»Das denkende Ich altert nicht«, schreibt Hannah Arendt in einem Anfall von Optimismus. So inadäquat uns Wissenschaft und Dichtung auch erscheinen wollen, so absolut geschieden als Qualitäten des Geistes: Der Satz hat in beiden Bereichen seine Gültigkeit. Der Unterschied liegt in der Funktion. Das cartesische Ich ist der Ausgangspunkt einer viel umfassenderen Bewegung. Es ist das Fundament einer neuen Lehre – der Heuristik –, die das Problemelösen wissenschaftlich begründen will und dazu einer soliden Basis bedarf. Dagegen operiert das lyrische Ich vollkommen freihändig, losgelöst, fern aller Methodik und doch mit zwingender Notwendigkeit. Dichtung ist Nervenkitzel, eine Erregung der Tiergeister im Menschen, eine Feier des Lebens und der bestürzend vielfältigen Erscheinungen dieser Welt. Der Leser kann nie wissen, was als nächstes kommt. Die Zeile behält ihren Zauber der Fremdheit. Bei aller kompositorischen Strenge bleibt das Gedicht immerfort unberechenbar und als solches modern. Dazu ein Satz, den Marcel Proust in die Tiefen seines Romanwerks versenkte: »Für den Schriftsteller ist ein Eindruck, was für den Wissenschaftler ein Experiment – mit dem Unterschied, daß im Falle des Wissenschaftlers die Tätigkeit der Intelligenz dem Ereignis vorangeht, während sie im Falle des Schriftstellers nachfolgt.«

Es mag etwas Verrücktes haben, unter allen Menschen, die jemals lebten, einen als gemeinsamen Nenner einer ganzen Zivilisation zu betrachten. Und doch spricht vieles dafür, daß dieser eine den günstigsten historischen Augenblick abgepaßt hatte und gewissermaßen auserkoren war, für alle Späteren die Weichen zu stellen. Wenn Rembrandt das Augenpaar dieser Entdeckerzeit war, Shakespeare ihre Zunge, dann war Descartes jener kleine Eilbote, der geistige *cursor* auf einem künftigen Bildschirm, der mit seinem Blinken anzeigte, an welcher Stelle es mit dem Erkennen weiterging. Er hat etwas von den Schlittschuhläufern auf den Gemälden den Holländerbildern seiner Epoche. Je länger man ihn betrachtet, um so weiter scheint er sich zu entfernen, bis wir zuletzt nur noch eine unwirkliche Figur im Schnee vor uns haben.

Fragt man aber »Warum Descartes?«, läßt sich nur sagen: So lange ist das alles noch gar nicht her. Was sind schon dreihundertfünfzig Jahre? Die Jahre seit seinem Tod, so scheint es manchmal, sind wie im Flug vergangen; sie haben diese rätselhafte Figur, mit der das neuzeitliche Denken begann, nur noch kenntlicher gemacht. Von allen Winden und Wettern gezeichnet, durch Aufklärung und Gegenaufklärung, Maschinenvergötzung und Maschinenstürmerei, Wissenschaftsglaube und Esoterik, blieb unirritiert dieser neue Typus, der Geometer und Kognitionsingenieur, eine Art Projektil auf zwei Beinen, das denkende Subjekt in Gestalt seines Begründers. Wenn man durch alle Wirbel der Materie hindurchsieht, durch alles Aufbaugeschehen primärer Form und ihre Zerstörung in Physik, Kunst, Architektur und Phänomenologie, wenn man die Philosopheme und Manierismen der letzten Jahrhunderte an sich vorübergleiten läßt, Rationalismus auf und Empiriokritizismus ab, Positivismus hin und Behaviorismus her, dann erblickt man dahinter, klar konturiert,

diesen einen tapferen Mann. Da steht er, in der schönsten europäischen Morgenfrühe, breitbeinig aufgepflanzt wie ein Holzfäl-
lerkerl, der auf freiem Feld einen Pflock in die Erde treibt, und
an diesen Pflock haben sie alle ihre Hoffnungen gehängt. Die
Hoffnung, durchzustoßen bis auf den Kern des Bewußtseins, in
die schwindelerregenden Tiefen des Weltalls, die Hoffnung, das
Leben zu begreifen, *ab ovo* und bis zum Verlöschen und über den
Tod hinaus, die Hoffnung, alles im Himmel und auf Erden zu
erfassen *more geometrico*, kausal und nach Zahlen, methodisch
und systematisch. Ich sehe ihn buchstäblich vor mir am Morgen,
an einem Herbst- oder Wintermorgen, und es scheint so, als sei
er mir mehr als einmal begegnet bei meinen Museumsbesuchen,
in den Sälen der niederländischen und flämischen Meister, dort
auf den kleinen Tafelbildern, die uns so viel mitzuteilen haben
vom Alltagsleben ihrer Zeit.

Er ist, nur ein Beispiel von vielen, der Reiter im braunen Rei-
semantel mit dem breitkrempigen Hut, oben auf dem Kamm
einer Düne, vor einem blauen, tief sich hinziehenden Himmel,
wie ein Landschaftsbild Jan van Goyens ihn zeigt, 1629 gemalt,
eine spielzeughafte Erscheinung, verschwindend unter den über-
mächtigen Wolken, selbst kaum größer als die zum Horizont
hin fliehenden Weidenbäume. Oder der schmucke Herr, der
auf einem Gemälde Jan Asselijns auftaucht, abermals zu Pferd,
diesmal im roten Umhang, in der Abenddämmerung die kleine
Steinbrücke über ein halb zugefrorenes Flüßchen passierend, ins
Gespräch vertieft mit ein paar Jägern, die denselben Weg haben
wie er, hinein in den dunkelnden Winterwald, und etwas tut
sich da weiter vorn, außerhalb des Rahmens, hinter den Eichen,
etwas, das die Hunde in nervöse Anspannung versetzt, während
der dunstige Frosthimmel die Sonne wie einen Eidotter auf-

löst – so geschehen im Jahre 1647. Fest steht, Descartes hat sich im fraglichen Zeitraum in Holland herumgetrieben. Sein Steckbrief paßt auffallend zum Erscheinungsbild mancher Figur, die auf den detailreichen Kabinettbildern der Niederländer beharrlich wiederkehrt, einer gewissen Traumlogik folgend, die uns den immergleichen Unbekannten, sobald wir ihn einmal bemerkt haben, in wechselnden Situationen und Rollen vorführt.

Aber es ist nicht der grabeskalte Methodiker, den ich sehe, das Schreckgespenst einer stets rechthaberischen Ratio, sondern der Spötter, der uns zum Narren hält mit der Einfachheit seiner Schlußfolgerungen, ein Simplicius Simplicissimus der Philosophenzunft. Herausfordernd blickt er einen aus seinen Büchern an, mit Augen, die unter ihren großen, schlaftrunkenen Lidern bis in fernste Zukunftsfernen schauen, salomonisch lebensklug, voller Menschenkenntnis, doch niemals indifferent. Was der Verfasser der *Meditationen* analytisch zu bieten hat, ist so offenkundig, daß der Leser seinen Aussagen kaum traut, so klar und distinkt, daß er es immer und immer wieder verdrehen muß. Es kann nicht sein, sagt er sich, daß den Verstand zu gebrauchen so einfach ist, und Descartes erwidert ihm »Aber gewiß doch«, und gerade daraus entwickelt sich alle Komik. Denn nichts ist naheliegender als die Nicht-Existenz dessen, woran man auch nur den geringsten Zweifel hat. Nichts leuchtet mehr ein, als daß Wachsein und Träumen kaum unterscheidbare Zustände sind, das Paradebeispiel für jenes Schwindeltrauma, von dem das Bewußtsein sich bis zum Schluß nicht erholt. Traum und Wachen bedienen sich aus demselben Fundus, sie arbeiten mit denselben optischen Tricks, unter Benutzung derselben wackligen Standbilder. »Meinetwegen: Wir träumen«, konzediert Descartes lapidar. Er weiß, mit bloßen Sinneswahrnehmungen kommt man dem Geist nicht auf die Spur. Gut möglich, daß wir immerfort nur getäuscht werden (nicht von Gott, versteht sich, doch von einem bösen Geist, der allmächtig zugleich und verschlagen ist und uns die Birne benebelt). Nichts triftiger mithin als die umfassende Skepsis, die am Ende aber doch eines nicht leugnen kann: jenes skeptische, denkende Wesen selbst, unser edelstes Teil, den Schutzengel im Innern. Verlaß dich drauf, Zweifler, am Grunde des Abgrunds hockt unerschütterlich, was du dein Ich nennst, dieses Etwas, das dir Selbstgewißheit schenkt und dich im Schlaf noch sicher ans andere Ufer geleitet. Sei beruhigt, lehn dich zurück, du existierst – und sei es auch nur als Euklidisches Pünktchen, als ein Punkt von der Art, wie der zerstreute Schüler ihn mit der Bleistiftspitze auf ein Blatt Millimeterpapier drückt.

Der Mann, von dem ich hier spreche und der mir interessant genug erschien für ein ganzes langes Erzählgedicht, ist nicht die Vogelscheuche, von der das Reallexikon raunt. Er ist nicht der Leibhaftige, wie ihn die Exorzisten der instrumentellen Vernunft an die Wand malen, der elegante Sündenbock für alle wissenschaftlichen Katastrophen vom Tierversuch (Adornos verkanntes Kaninchen) bis zum Abwurf der Wasserstoffbombe. Diese Meditationen handeln von einem Philosophen, der unser aller Denken verändert hat.

Der Paragraphenfürst Spinoza (der des Franzosen Gedankenprosa in lauter Axiome ummünzte), der tiefgläubige Pascal (der seinen Landsmann als »überflüssig und unschlüssig« abtat), der kühle Eklektiker Leibniz (der ihm bei allem Respekt die Ausdauer absprach, auch nur eines seiner Probleme gelöst zu haben), sie alle haben ihr Scherflein beigetragen zu einer Welteinrichtung, wie sie uns heute beschäftigt. Tragisch bleibt der Fall Pascal, der durch Askese und selbstzerstörerische Exerzitien die Geister der Mathematik, die er rief, wieder loszuwerden versuchte in enger Klosterzelle. Großartig heroisch steht Spinoza da mit der grenzenlosen Uneigennützigkeit seiner *Ethik*, die sich noch auf die Erleichterungen des Menschendaseins durch technischen Fortschritt verstand. Ultrascharfsinnig winkt Leibniz zu uns herüber, Herr der infinitesimalen Intelligenz und Patron der *máthesis universalis*, der sich im Natur-Unendlichen so zu Hause fühlte wie in einem Buchsbaumlabyrinth. Doch einzig Descartes' heiterer Rationalismus gilt als der klassische Sündenfall. Von allen Denkern scheint dieser eine die Aura des Unheimlichen niemals losgeworden zu sein. Für ihn soll gelten, daß er als Hauptverschwörer die Instrumente zur Weltbeherrschung bereitgestellt, den totalen Krieg gegen die Natur ausgelöst hat. Ihm haben wir, folgt man dem Chefankläger unter den Ontologen, die Zurichtung der Welt zu verdanken, dieser wunderbar vielfältigen Welt, ihre Schrumpfung zum toten Faktum und Forschungsobjekt. »Aber wo bleibt«, fragt mit Tremolostimme der Philosoph Heidegger, »wo bleibt bei den wissenschaftlich registrierbaren Gehirnströmen der blühende Baum? Wo bleibt die Wiese? Wo bleibt der Mensch?« Das Pathos solcher Nachfragen hat am Ende einen Hauptschuldigen ausgemacht. Er soll einstehen für alles, was dem enttäuschten Gegenwartsmenschen in seiner Umwelt als statistische Kälte, szientifische Perfidie täglich begegnet und zusetzt. Selten hat ein so kluger Kopf, ein ausgesprochener Menschenfreund dazu, so viele Minuspunkte mit seinem Lebenswerk eingesammelt wie dieser.

Seltsam genug: Der Cartesianismus ist mausetot, sein Namensgeber aber bringt die Gemüter noch immer in Wallung. *Descar-*

tes' Irrtum betitelt ein amerikanischer Hirnforscher sein Buch. Professor Damasio, Neuropsychologe, und als Medizinhistoriker auf eigene Faust Hüter des weltweit größten Archivs mit Fallstudien zu diversen Hirnschäden, macht Descartes für ein jahrhundertealtes Defizit verantwortlich. Seine Grundthese, von Zunftkollegen hundertfach variiert, lautet: Die Vorstellung von einem körperlosen Geist habe die Biologie lange Zeit lahmgelegt. Die cartesianische Spaltung ziehe sich durch Forschung und Praxis und habe das Verständnis für den Anteil des Fühlens bei Bewußtseinsprozessen nachhaltig blockiert. Ein mechanistisches Weltbild habe die dem antiken Menschen seit Hippokrates geläufige Vorstellung von einem Organismus (seiner Einzigartigkeit, Krankheitsanfälligkeit und vor allem Ganzheitlichkeit) beiseite gefegt und an seiner Stelle einen Schrotthaufen gesetzt, in dem ein Geist herumspuke, den niemand zu fassen bekomme. Seither laufe der Mensch mit gespaltenem Bewußtsein umher: Vernunft und Empfinden seien willkürlich getrennt. Besonders das letzte Argument, der Philosoph habe die Emotionalität unseres Denkens unterschätzt, ist immer wieder zu hören. Leute, die davon profitieren, daß man Versuchs-Schimpansen Teile des Stirnlappens wegsäbelt oder Fröschen operativ die Augen herumdreht, rechnen mit dem klassischen Rationalimus wegen einiger Formulierungen ab, die ihnen als herzlos erscheinen. Von rückläufigen Schaltkreisen im Gehirn ist stattdessen die Rede, von Rückkopplungsschleifen chemischer Natur, so Damasio, oder von der Selektion neuronaler Gruppen bei der Entstehung des Geistes, so Professor Edelman, Begründer einer Denkrichtung, die sich neuronaler Darwinismus nennt. Um so überraschender mutet ein Eingeständnis an, das sich zwischen den Seiten von Damasios Anklageschrift verbirgt. »Kurioserweise«, räumt der Spezialist ein, »ereignen sich die Verflechtungsprozesse am intensivsten unweit der Zirbeldrüse, in der Descartes einst die nichtphysische Seele eingeschlossen wähnte.«

Kurios aber kann das nur dem vorkommen, der an eine selektive Lektüre des Philosophen gewöhnt ist. So entstand auch der Mythos von der angeblichen Gefühlsblindheit der Cartesianer. Daß es gerade Gefühle sind (Descartes sprach von Passionen), die im Bewußtsein den Ton angeben und jeden Denkakt mitbestimmen, war noch zuletzt Gegenstand seiner Untersuchungen. So waren es seine Ansichten über das Zusammenspiel der Empfindungen und ihre Auswirkungen auf die Moral, nach der die schwedische Königin Christina sich als erste erkundigte. Man kann sagen, die Gespräche mit Ihrer Majestät drehten sich fast ausschließlich um diesen einen Punkt: wie erst ein vollständiges Begreifen unserer Affekte Erkenntnis und vernunftgemäßes Handeln überhaupt möglich macht. Descartes hatte sich in seiner Gewißheitssuche also weniger weit von aller Anthropologie entfernt als die späteren phänomenologischen Lehren, die sich auf ihn beriefen. Denn die Tatsache, daß der Geist immer schon auf etwas verweist, seine *Intentionalität* nach Franz Brentano, die ihn in seine Zeitlichkeit einschließt (und selbst seine *Interaktionalität*, nach Hilary Putnam, die ihn an Bedeutungen und Umwelten fesselt), war dem Begründer der Subjekt-Autonomie nicht völlig entgangen. Will man wirklich glauben, dem Autor der *Passions de l'âme*, dem Verfasser einer so überschwenglich autobiographischen Bekenntnisschrift wie dem *Discours de la méthode* sei das Thema Intersubjektivität fremd gewesen? Der Plural der Subjekte war im Gegenteil Ausgangspunkt seiner Reflexionen, nimmt man den ersten Satz seiner methodischen *Confessiones* einmal wörtlich: »1. Der gesunde Verstand ist die bestverteilte Sache der Welt; denn jedermann glaubt, so wohl damit versehen zu sein, daß selbst einer, der in allen anderen

Dingen nur sehr schwer zu befriedigen ist, für gewöhnlich nicht mehr davon wünscht, als er besitzt.« Sollte dieses Zugeständnis auch nur den leisesten ironischen Beiklang haben, so wäre er eine Zutat moderner Ohren. Am Gedanken der natürlichen Vielfalt von Subjektivität, erst recht der Nützlichkeit geistiger Eigenständigkeit für das Zustandekommen einer Gesamtvernunft ändert das nichts.

Descartes war Dialektiker genug, um zu begreifen, daß Denken – wie übrigens auch Lieben – eine Richtung in sich hat und gleichzeitig und infolgedessen erst in einem fortwährenden Austausch steht mit allem, was nicht Geist ist, allem, was nicht das Eigene ist. Er war nie so ausschließlich auf seinen unglücklichen Begriff der denkenden Substanz festgelegt[10], daß er Bewußtsein, bei aller notwendigen Körperunabhängigkeit, nicht auch als Aktion und Interaktion, absichtsvoll, gegenstandsbezogen und personal, mitbedacht hätte. Aus der Selbsterfahrung eines solchen Bewußtseins im flüchtigsten Aggregatzustand ergaben sich wie von selbst alle möglichen Spielarten der Interferenz und Interdependenz: Fremddurchdringung, Ablenkung, Täuschung, Selbstverblendung und was sonst noch zu den Abenteuern eines realen Geistes gehörte. Die Naivität eines Rationalismus in Kinderschuhen ist ihrerseits eine bloße Legende. Es finden sich, und dies nicht erst bei den Nachfolgern, Größen wie Geulincx, Malebranche oder Leibniz, vielerlei Zwischentöne und Anzeichen eines gesunden Sowohl-als-Auch.

Dennoch hört man immer wieder vom »Leib-Seele-Dualismus als der zentralen Denkschwierigkeit und ihrer langen gespenstischen Laufbahn durch die Geschichte«. *Descartes oder der Mythos vom Gespenst in der Maschine*, witzelt ein Vertreter der analytischen Philosophie. *Descartes und andere Katastrophen* trompetet ein anderer. Erstaunlich ist die Vitalität eines Denkens, das solche Heerscharen gegen sich aufbringt. Verblüffend freimütig hat den Sachverhalt der Philosoph Stanley Cavell erklärt. Descartes sei mit seinen schmalen Büchern wohl darum bis heute so lebendig, weil jeder Philosoph aufs neue von ihm herausgefordert werde, *als dürfe*, sagt er, *so wenig Argumentation einfach nicht unbeantwortet bleiben.*

Gut möglich, daß man sich einfach aus Bequemlichkeit auf Descartes geeinigt hat als den Vater eines primitiven Mechanizismus: Seinem Denkanstoß wird dies kaum gerecht. Noch weniger aber rechnet es mit dem natürlichen Dualismus, der tief in den Sprachen wurzelt, dort sein Unwesen treibt und Grammatik und Logik infiziert hat, lang bevor jeder Neuling sie in Gebrauch nimmt. Kein Neurologismus wird die Trennung von Leib und Seele, wie sie im Cartesianismus ihre klassische Formulierung fand, je aufheben können. Jenseits aller Spitzfindigkeiten nämlich ist die Annahme zweier Naturen, aus denen der Mensch sich zusammensetzt, für uns so lebensnotwendig, daß wir ohne sie keine drei Schritte machen, geschweige denn einen vernünftigen Satz bilden könnten. Mag auch die Anthropologie vom Primat des Körpers als der aufdringlichsten Sichtbarkeit überzeugt sein: Sie kann auf jenes Unsichtbare, das da sieht – den Geist – nicht verzichten, will sie den Menschen im Ganzen beschreiben. Im Namen der Wechselwirkung, ohne die es kein Menschsein gäbe, braucht es die Doppelnatur von Psyche und Physis. Die Differenz also wird selbst dann überleben, wenn der Dualismus längst in Trümmern liegt. Solange man unter einem Menschen mehr verstehen will als einen synapsengesteuerten Automaten, ist es klug, sich den Fluchtweg offenzuhalten. Nur dank der Interventionen des Bewußtseins sind wir nicht verdammt, in der Hölle des physikalischen Determinismus zu schmoren. Von Freiheit kann überhaupt nur die Rede sein, solange man Leib und Seele, Materie und Geist zu unterscheiden bereit ist – und wenn die Literatur der letzte Ort wäre, an dem dies geschieht.

Denn ganz im Ernst: Descartes' intuitive Zwei-Substanzen-Lehre reicht tiefer als die Korrekturversuche der analytischen Philosophie, die physiologischen Einwände der Hirnforscher; sie geht uns auch tiefer an. Mancher Hirnrindenspezialist ahnt nicht einmal, welche Begierde den Denker trieb, so lange zu suchen, bis er im Geist den Schlüssel zum menschlichen Individuum gefunden hatte, etwas Unteilbares jenseits des Körpers, etwas, das immateriell existent ist und als solches Existenz überhaupt erst erfahrbar macht. Denn einmal hatte er den unendlichen Schwindel kennengelernt. Was, wenn das Bewußtsein selbst an dem totalen Täuschungsmanöver beteiligt ist? Wenn nicht nur die Welt und das, was wir von ihr wissen, das Werk eines *genius malignus* wäre, eines göttlichen Betrügers, sondern auch unsere Wahrnehmung von ihr? Dies anzunehmen rückt einen in die Nähe von Wahnsinnigen und Leuten, die behaupten, sie hätten einen tönernen Kopf oder seien Kürbisse oder aus Glas, fürchtet Descartes. Aber ist es darum schon falsch? So äußert sich ein radikaler Skeptizismus, eine Explosion des Zweifels von solcher Sprengkraft, daß sie auch die Unterscheidung von Leib und Seele noch in Stücke fliegen läßt.

So zielen die meisten Argumente der Fachleute an Descartes' Meditationen vorbei. Zu den wenigen Ausnahmen gehört etwa der amerikanische Experimentalneurologe Benjamin Libet, Entdecker des sogenannten *Mind-Time*-Effekts, demzufolge jeder bewußten Willenshandlung im Gehirn ein unbewußter Prozeß um fast eine halbe Sekunde vorausgeht. Es dauert eine gewisse Zeit, bis das Gehirn auf volles Bewußtsein umschaltet und Herr seiner Entscheidungen wird. Die Versuchsperson aber neigt dazu, den Vorgang zurückzudatieren, weil aus der Vorwärmzeit die Ungewißheit entspringt, wessen Entschlüsse es eigentlich sind, die nachher mit großer Geste ausgeführt werden. Künstler und Mathematiker wissen das: In Momenten tiefer Versunkenheit im schöpferischen Prozeß, sind sie es gewohnt, auf Autopilot zu fliegen und doch ganz bei der Sache zu sein. Libets Hypothese, im hundertfach wiederholten Experiment bestätigt, sorgte eine Zeitlang für Zündstoff in den Debatten um die Willensfreiheit des Menschen. Dabei war sie vorerst nur auf das sensorische Bewußtsein beschränkt.[11] Vorsichtiger als viele seiner Kollegen ging der Forscher selbst mit den Schlüssen um, die sich aus seinen Experimenten ergaben. Was das zu bedeuten hatte, fragte er sich und suchte Rat in einem imaginären Dialog mit dem Philosophen. Nach einigen Höflichkeitsfloskeln und Witzen kam man zur Sache, und Descartes durfte amüsiert feststellen: »… daß nicht einmal ihr modernen Neurowissenschaftler bisher in der Lage seid, einen Mechanismus für die Einheit des Geistes mit experimentellen Tests zu finden«. Einig ist man sich darin, daß nicht jede Hypothese einem Test unterziehbar ist. Das beste Beispiel hierfür ist des Philosophen Zentralsatz vom »Cogito ergo sum«, ein reines Axiom, so unumstößlich wie unüberprüfbar, das der Amerikaner darum auch schnell akzeptiert. Bedenkenswert ist indes sein Einwand, man könne eine Beschreibung des Geistes nicht, wie Descartes dies getan habe, davon abhängig machen, daß man ihn jedesmal erst *in flagranti* ertappe. Das Gehirn folge vielmehr oft eigenen Regieanweisungen, indem es gewisse Prozesse unbewußt in die Wege leite. Weil der Franzose, ganz erkenntniskritischer Ehrenmann, dem Prinzip der Evidenz verpflichtet ist, trennt man sich schließlich beim Stand von 1:1, nicht ohne gegenseitige Verbeugungen über die letzten vierhundert Jahre hinweg.

Forscher wie Libet oder die Deutschen Wolf Singer und Gerhard Roth haben eingestanden, wie anregend Descartes' »falsche« Theorien für ihre Versuche waren, den Geist zu verstehen.[12] Aber selbst der hartgesottenste Monist hat eines Tages die Nicht-Identität von Ich und Gehirn an sich selber erlebt. Alle gemeinsam beschäftigt sie nun die Frage: Ist der Geist physikalisch (respektive biochemisch) erklärbar? Erst in jüngster Zeit hat es wieder Vermittlungsversuche gegeben, die von einer Parallelität neuronaler und mentaler Prozesse ausgehen. Einer anderen Theorie zufolge sind Materielles und Geistiges als zwei Eigenschaften eines und desselben Natürlichen zu begreifen. Ein eleganter Vorschlag besteht darin, im Geist ganz einfach einen eigenen physikalischen Zustand der Materie zu sehen, nach dem Muster der elektromagnetischen Wellen, der Wärmestrahlung, der Energie. Und alle Widersprüche scheinen sich aufzulösen, sobald man sich darauf einigt, daß es der Betriebseffekt eines normal funktionierenden Gehirns ist, den Kontrast zwischen materieller Außenwelt, Körper und Mentalsphäre selbst zu erzeugen – so, wie ein Laser dreidimensionale Bilder erzeugt, nach denen man die Hand ausstreckt, weil sie so täuschend plastisch erscheinen. Es ist das Gehirn, das seiner Natur gemäß solche Unterscheidungen produziert, um sich in der Wirklichkeit zurechtzufinden, Unterscheidungen, die es bei Bedarf jederzeit annullieren kann. Es ist das Gehirn – aber nur als ein verborgenes, jenes geheimnisvolle Organ, mit dem ich allein bin im Selbstgespräch, nicht der graue Griespudding im Schädel, den ein Anatom mit Skalpell, Sonde und Elektrode bearbeitet. Auch nicht jenes szintigraphische Falschfarbenphantom auf dem Computerbildschirm, das uns per EEG oder PET über mutmaßliche Bewußtseinszustände informiert. Introspektionen dieser Art fördern allenfalls zutage, was in die Gedankenblase einer Comicfigur paßt, nie jedoch den komplexen Moment eines Geistesblitzes wie etwa den, der einem Schopenhauer die Zeile diktierte: »Innen ist alles finster.«

Cogito ergo sum heißt darum auch: Jeder holt seine eigene Wirklichkeit vom Grund des Denkens (diesem trüben Tiefseeboden) herauf; jeder ist in diesem Leben sein eigener cartesischer Taucher. Ich für meinen Teil möchte bei der Gelegenheit eine Erklärung abgeben. Was immer Wissenschaft mir auch einreden mag: *Ich* bin nicht dieser Körper, als der ich mich äußerlich präsentiere, aufrechtgehend und von mittelgroßer Statur, zumeist in dunkle Klamotten gehüllt. Daß man mich nur nicht mit ihm verwechselt! Ich bin mehr als er, etwas von ihm ganz abgründig Verschiedenes. Und ganz unabhängig davon, wie animiert man sich diesen Animationskünstler vorstellt, ob als lebendigen Körper (corps animé) oder erlebten Leib (corps vécu), er bleibt doch immer der Andere und von dem Flaschenteufel im Inneren radikal unterschieden. Wer ich im Geiste bin, wird man nie wissen: Keiner kann in mich hineinsehen, nicht einmal ich selbst. Tief verborgen, wenn auch nicht eingemauert – auf die Formel würde ich mich in aller Zweideutigkeit einigen. Denn ganz sicher bin ich mir nur meiner Doppelnatur. Mit jedem Atemzug oszilliert sie, in jeder Lebenslage … beim einsamen Dahinschlendern am Meeresstrand ebenso wie beim Liebesspiel zu zweit, im Wachzustand wie im Schlaf und erst recht beim Photographiertwerden oder in einer großen Menschenansammlung, wo ich mich in mich verkrieche. Der Körper ist das Ausdrucksfeld der Seele, nicht ihr Käfig. Etwas spukt da in seinem Innern herum, jawohl, meinetwegen auch das gefürchtete Gespenst in der Maschine. Ein eigensinniges Wesen zumindest, das sich des Körpers wie eines Musikinstrumentes bedient. Es ist dieser Flaschenteufel, der in mir *Ich* spielt und mein Gehirn für seine Einfälle benutzt.

Doch werde ich ihn wohl niemals zu fassen bekommen, denn immer steht da bereits der Körper, der sich mit aller Macht in den Vordergrund drängt. Unzertrennlich, das sind sie, doch niemals identisch, wie immer man es auch dreht und wendet. Muß man erst Künstler sein, um bei diesem Dualismus ganz auf seine Kosten zu kommen?

Armer Descartes also, was hat man ihm nicht alles angehängt. Dabei war er es, der uns, in einer verqueren Welt der physikalischen Effekte, den Schlüssel zur Freiheit des Individuums übergab. Seltsamerweise ist nun aber nicht sein Nachfolger und Überwinder Newton der Übeltäter, nicht der Newtonismus der Skandal, der uns in seinen *Principia* die Formeln lieferte für ein rein körperliches Universum, in dem es ausschließlich um das Stoßen und Gestoßenwerden geht, um Sturz und Fall, Flug und Aufprall, Trägheit und Impuls. Seine Lehre gilt als erhaben, der Dichter William Blake hat sie gebührend gefeiert in Wort und Bild. Als Erzverräter an der Natur gilt vielmehr der Essentialist Descartes. Er allein, dieser entschiedenste aller Träumer, der gegen jede Logik auf der Selbstgesetzgebung des Geistes beharrte, steht wegen seines intellektuellen Staatsstreichs heute noch vor Gericht. Wider alle Gewohnheit und Wahrscheinlichkeit wird bei ihm das Sein vom Bewußtsein bestimmt. Der Mensch ist die Vorzugsausgabe der Schöpfung, von Gott ediert und geadelt, der ihn in Form der erkennenden Seele mit einer beschränkten Variante seiner eigenen Übernatur ausgestattet hat. Gott hält diese Seele am Leben, einzig von ihm ist sie abhängig, sonst jedoch völlig frei, als eine vom Körper verschiedene Substanz. Das ist die Unabhängigkeitserklärung à la Descartes, und die Unsterblichkeitshoffnung inklusive. Doch ausgerechnet er, der Begründer unserer geistigen Autonomie und damit Vater des absurden Lebenstheaters, der einer fühllosen Materie die Stirn bot und einem eisigen, sternenklaren Weltall, das uns mit uhrwerkshafter Präzision zermalmen möchte, sein dreifaches »Ich« entgegenschleuderte, sitzt als letzter auf der Anklagebank.[13]

Ein Verdacht drängt sich auf, und es scheint so, als habe er mit der Rolle zu tun, die Wissenschaft heute im Gesamtgefüge der modernen westlichen Kulturen spielt. Wenn Wissenschaft, nach einem Wort Hans Blumenbergs und einer Idee Sigmund Freuds, der *Todestrieb* der Gattung ist (lange bevor sie die Mittel zu ihrer Vernichtung bereitstellt), dann ist in ihr ein Impuls am Werk, der das am meisten fürchten muß, was er am intensivsten betreibt. Es ist ihnen nicht ganz wohl bei der Sache und sie fragen sich, wer die Auslöser einer solch fatalen Kettenreaktion waren. Hier kommt nun Descartes wie gerufen, mit seiner ganzen Bewußtseinsselbstherrlichkeit und Naturabtrünnigkeit, ein rigoroser Freigeist und der wohl größte Entwurzler überhaupt. Es gibt in der Geschichte mitunter Figuren, in denen alles zusammenkommt, weil sie an einem Menschheitswendepunkt stehen, der sich in ihnen gewissermaßen verkörpert. Descartes ist der fröhliche Totengräber der alten Wissensordnungen und dabei einer der letzten klassischen Menschen, bevor Wissenschaft selber die Brücken zur Menschheit abbricht. Da war dieser eine, der unter den statischen Sphärenhimmeln des Mittelalters hervortrat und sich davonmachte in Richtung Zukunft. Mit seinem Cogito zog er aus, eine Welt zu gewinnen. Wenn auch die großen Durchbrüche alle erst nach ihm kommen, war er doch derjenige, der die Erzählung in Gang setzte: die vom Subjekt, das sich aufrafft, Gewißheit zu erlernen. »Die im Zerfall der mittelalterlichen Realitätsgarantie ungewiß gewordene Welt sollte durch den cartesischen Handstreich in die Verfügbarkeit des Subjekts zurückgeholt werden«, so Blumenberg. Sollte es dieser Coup gewesen sein, der ihn für alle Zeiten zur begehrtesten Persona non grata der Geistesgeschichte macht?

Womit ich zurückkehre zum eigentümlichen Bild dieses philosophierenden Vagabunden und Musketiers. Es gibt eine niederländische Redensart, die heißt »Die Kappe auf den Zaun hängen«, und sie besagt etwa soviel wie: mit allem Herkömmlichen brechen. Der Maler David Teniers d. J. (1610-1690), ein Meister beschaulicher Kneipenszenen und der Darstellung des deftigen, bäuerlichen Lebens, hat sie auf einer seiner Tafeln, einem wahren Breitwandgemälde, untergebracht. Das Genre war damals recht weit entwickelt, ikonographisch fiel es unter die Rubrik Sprichwörterbild, ein Welt und Gesellschaft umfassendes Anspielungs-Panorama, das Pieter Bruegel d. Ä. (1525/30-1569) eingeführt, Pieter Breughel d. J. (1564-1638) verfeinert hatte, ein schlagendes Beispiel übrigens für die traumhafte Paradoxie der darstellenden Künste. Teniers zeigt uns, neben Dutzenden anderen Gestalten, denen als Sprichwortverkörperungen, isoliert und in sich gekehrt, etwas Surreales anhaftet, einen winzigen Mann, der am Dorfausgang seine Mütze an einen Staketenzaun hängt. Es gibt auf dem Bild ein ganzes Tollhaus von Figuren, verwegene Gestalten, die ihr Geld ins Wasser werfen, einen Aal beim Schwanz zu packen versuchen, dem Teufel beichten und den Tag mit Körben hinaustragen, sprich: ihre Zeit mit sinnlosem Handeln vertun, und solche, die ihre Dächer mit Fladen decken (Verschwender), hinter dem Netz gehen (nutzlose Planer) oder einen blauen Mantel umgehängt bekommen (wie der gehörnte Ehemann). Kurzum, das Gemälde zeigt uns das Pandämonium der ganz gewöhnlichen Menschheit. Der Bursche im Hintergrund aber, nur mit der Lupe erkennbar, der seine Kopfbedeckung am Weidenzaun hinterläßt, nach dem Motto »Ab jetzt wird alles anders«, gehört nicht zum Personal der Tagträumer, Luftschloßbauer und Wolkenkuckucksheimer. Er könnte, wie er da lässig und im Vorübergehen ein neues Leben beginnt unter all den Selbstbetrügern und Deppen, ein geistiger Bruder des Philosophen sein, von dem hier die Rede ist: René Descartes. Man sieht ihn, wie er der Narrengesellschaft den Rücken kehrt und hinauszieht in eine flache Polderlandschaft, die derjenigen gleicht, in der Descartes sich in seinen holländischen Jahren so ausgiebig verlor. Dasselbe Sprichwort übrigens, leicht abgewandelt, spielt in seiner französischen Variante auf den Übertritt vom geistlichen in den weltlichen Stand an (statt der Mütze ist dann von einer Mönchskutte die Rede), verliert damit aber etwas von seiner Sorglosigkeit. Nun war Descartes alles andere als ein barhäuptiger Vagabund, und auch als Philosoph weit entfernt von allem geistigen Landstreichertum und Diogeneswesen. In seiner Lebensgeschichte aber läßt sich leicht etwas Sprichwörtliches und Fabelhaftes entdecken.

Descartes ist der in der Fabel vom Cartesianismus verborgene Mensch. Man hat in ihm früh schon den großen Abtrünnigen sehen wollen, einen Mann, völlig einsam, mit sich und dem Gott der optischen Täuschungen mutterseelenallein. Und als hätte er sein historisches Bild lange vorausgeahnt, weist er selbst darauf hin, wo er nur kann. *Mundus est fabula* lautet der Wahlspruch, der sein Leben durchzieht wie ein Leitmotiv. Die Schöpfung selbst erscheint ihm als der Roman der Physik, sie enthüllt sich als eine Erzählung von Gestalt, Ausdehnung und Bewegung der Materie. In dieser Fabel, wird sie nur richtig nacherzählt (wie in seiner Philosophie), hat man die ganze Welt, die mit all ihren Erscheinungen komplett darin aufgeht. Es ist das, was eines Tages Naturgeschichte genannt werden wird. Aber auch der

Mensch ist eine solche Fabel, auch sein Entwicklungsgang läßt sich aus dem vom Verstand erfaßten Weltgeschehen herleiten; er steckt gleichsam in den sprechenden Details und den hervorstechenden Eigentümlichkeiten seiner Biographie. Es war das innere Drama seines Geistes, das ihn von allen anderen absonderte und damit erst kenntlich machte. Voltaire mochte seinen Spott haben, wenn er den kühnsten aller Selbstdenker als Träumer und Poeten abtat, wie nebenbei aber hat er damit ins Schwarze getroffen. Wir haben es tatsächlich mit einem Romancier zu tun, mit dem Verfasser eines metaphysischen Romans von so gewaltigen Ausmaßen, daß auch ein Voltaire, ein Diderot, ein d'Alembert bequem Platz darin finden konnten. Die *Encyclopédie* ist ein Werk aus cartesischem Geist und das erste Monument, das man zu seinem Gedenken errichtete, lange bevor er auf Umwegen ins Panthéon überführt wurde. Descartes hatte die Gunst der Stunde erkannt; vieles deutet darauf hin, daß ihm schon früh die einzigartig privilegierte Position seines Zufallsdaseins aufgegangen sein muß. Ihm war es aufgegeben, das Evangelium des modernen europäischen Subjekts zu formulieren, und er muß geahnt haben, was auf ihn zukam.

Es war die Art seines unerhört arglosen Sprechens, an der er schon von weitem erkennbar war als ein Sprecher mit großer Zukunft. Seine Provokation bestand darin, geradezu rücksichtslos einfach, schlicht und einleuchtend zu argumentieren, so wenig originell und so allgemeinverständlich wie nur möglich. Die folgende Passage aus der Dritten seiner *Meditationen über die Grundlagen der Philosophie* zeigt den Autor bei seinem größten Taschenspielertrick – einen Mann, der, alle früheren Autoritäten beiseite fegend, sich wie durch Zauberei selbst autorisiert. Indem er den Handschuh mit legerer Hand einfach umkehrt, wird zum Innenleben, was einmal Außenwelt war – aufgepaßt:

»Ich werde jetzt meine Augen schließen, meine Ohren verstopfen und alle meine Sinne ablenken, auch die Bilder körperlicher Dinge sämtlich aus meinem Bewußtsein tilgen oder, da dies wohl kaum möglich ist, sie doch als eitel und falsch für nichts achten; *mit mir allein will ich reden*, tiefer in mich hineinblicken und so versuchen, mir mein Selbst nach und nach bekannter und vertrauter zu machen. Ich bin ein denkendes Wesen (*Ego sum res cogitans*), d. h. ein Wesen, das zweifelt, bejaht, verneint, wenig versteht[14], vieles nicht weiß, das will, nicht will, auch Einbildung und Empfindung hat. Denn wenn auch – wie schon oben bemerkt – das, was ich empfinde oder mir bildlich vorstelle, außer mir vielleicht nichts ist, so bin ich doch gewiß, daß jene Bewußtseinsbestimmungen, die ich Empfindungen und Einbildungen nenne, bloß als Bewußtseinsbestimmungen (*modi cogitandi*) in mir vorhanden sind.«

Am Anfang dieser Überlegungen stand, etwas herausfordernd, die Formel vom gut gefügten Gehirn. Es ging um die unerklärliche Laune einiger Mitmenschen auf dieser Erde, nicht nur gelegentlich, sondern hauptamtlich und ein Leben lang Verse zu machen, und darum, welcher besonderen physischen Voraussetzungen es von seiten des Lesers bedarf, ihnen darin zu folgen. Dies war, wenn nicht alles täuscht, die Problematik, die hier in immer weiteren Kreisen verfolgt und wieder aus den Augen verloren wurde, wobei das Suchwort Poetik eingangs die heiße Spur legte.

»Ganz recht, Dichter, du bist uns noch eine Erklärung schuldig. Du hast uns verschwiegen, was diese langwierigen Meditationen denn für die Poesie besagen. Bewußtseinsphilosophie, Kognitionstheorie, epistemologische Gedankenspiele – die Frage ist: Was hat Dichtung mit diesem Hokuspokus zu schaffen?«

»Gegenfrage: Gibt es irgend etwas, das nicht Gegenstand von Poesie werden könnte?«

»Dichtung ist gegenständlich, sagt Goethe sehr kategorisch. Sie beschäftigt sich mit den Dingen der Anschauung.«

»Und schießt doch weit über alles bloß Gegenständliche hinaus, nicht wahr? Stößt immer wieder, geradezu manisch, in transzendente Bereiche vor.«

»Wenn sie in die Hände von Romantikern gerät und krank wird im Kopf. Abstraktionen sind Sache der Mathematik und der Logik. Man überläßt sie auch besser den Philosophen. Das beste Beispiel dafür ist dein Modelldenker Descartes, der Archetypus für alles poesieferne Gedankenzerlegen. Für ihn blieb immer noch Zeit, beim Herannahen des Todes ein paar Verse zu kritzeln, wenn es denn sein mußte. Bis es soweit war, aber zog er es vor, sich mit Angelegenheiten zu befassen, für die Poesie niemals die Mittel hatte.«

»Aber seit Urzeiten die Sprache und den Nerv ohnehin, und erst recht – die Nervenstärke.«

»Soll das heißen, Poesie und all die anderen Künste stünden in nichts den Leistungen nach, die uns täglich Armeen von Wissenschaftlern erbringen? Willst du damit sagen, es gäbe am Ende diese Kulturdichotomie überhaupt nichts, auf der herumzureiten sich lohnte?«

»Alles, was es gibt, ist das Gehirn, und dieses wäre einfach schlecht präpariert, wenn es die zwei auseinanderstrebenen Weisen, die Welt zu betrachten, nicht mehr unter einen Hut bringen könnte. Zum Glück waren die Künste noch immer ausgeschlafen genug, sie haben noch jede Revolution auf seiten der Wissenschaften pariert, mit ihren ureigenen Mitteln, versteht sich. Die Malerei macht sich die technischen Erfindungen der Optik zunutze, die gerade im Jahrhundert des Descartes verstärkt einsetzen. Später werden es die visuellen Künste sein, die alle anderen überflügeln und mehr als nur Schritt halten mit den Naturwissenschaften und ihren Eskapaden. Im Zeitalter von Nebelkammer und DNA-Entschlüsselung sind es Abstrakte Malerei, Op-Art und Minimalismus, die für die nötigen Oszillationen zwischen den Weltbildern der Physik und der Biologie und den Reichen der freien Anschauung sorgen. Bleiben wir aber bei der Literatur: Kein Zufall ist es, daß im Barock, also zur Zeit der ersten großen Wissenschaftsrevolution, die Allegorie zu neuen Ehren gelangt. Die antiken Zeichenbezirke werden verlassen, die Grenzen mythologischer Sinngebung überschritten in eine Emblematik der Zukunft. Mit einem Mal wuchs der Dichtersprache ein gewaltiges Aufgabenfeld zu. Der Fächer der Wissensformen öffnete sich, und Poesie suchte nach Ausdrucksmitteln, die imstande waren, das Auseinanderstrahlen qualitativer Informationen über die Welt zu integrieren. Die Allegorie ist das Gegenstück zum Integral der neuen Mathematik. Ihr folgte die Kultivierung der Metapher als frei bewegliche Bildvariable zum Erfassen von Konstellationen und Korrespondenzen in Zeit und Raum. Mit der Aufrüstung der Sinngehalte aber ging eine Vergeistigung der Sprachen der Künste einher.«

»Und all das, sagst du, hat mit Descartes begonnen?«

»Das Geistige, das in der Kunst des zwanzigsten Jahrhunderts zu einem eigenem Recht kommt, weist eine Linie auf, die sich bis zu Descartes zurückverfolgen läßt. Er ist der früheste Kronzeuge einer Entwicklung, für die später Dichter wie Mallarmé, Künstler wie Kandinsky die ersten Formeln aufstellten. Ich behaupte, es hat mit seinem Konzept von den Lebensgeistern, jenen *spiritus animales* begonnen. In ihnen kündigt sich ein Konstruktivismus an, der über das Modell der Körpermaschine weit hinausgeht. Fluide Sensoren, die für alles zwischen Himmel und

Hypophyse empfänglich sind, entzünden sie den Körper und halten ihn in Bewegung. Als echte Zwitterwesen, halb Elementarteilchen, halb Ausdünstung und feinstes Sublimat des Blutes, sind sie die idealen Vermittler zwischen Innen- und Außenwelt. Man wird diese rührigen Botengänger schwerlich unter der Lupe finden, und auch das Mikroskop hilft hier nicht weiter. Sie stellen das räumliche Vorstellungsvermögen auf eine harte Probe. Wie geeignet sie sind für die Zwecke der Poesie, zeigt die Tatsache, daß nur ein Oxymoron ihnen überhaupt beikommt. Von *körperlichen Geistern* ist die Rede, im Traktatus *De Homine* tauchen sie immer wieder als solche auf: ein quicklebendiger Selbstwiderspruch, aber auch eine unbezweifelbare Erscheinung, den magnetischen Erdkräften vergleichbar, die das bloße Auge nicht sieht, die aber an ihren Wirkungen erkennbar sind. In Descartes' geschlossener Welt sind sie das rettende Element, das den finsteren Dualismus, für den sein Name bis heute steht, spielerisch aufhebt. Die Lehre von den Lebensgeistern ist kaum weniger komplex, nur theoretisch wohl etwas schlichter als die entschieden komplexe Monadenlehre des großen Leibniz. Eine Poetik, die ihr anthropologisches Problem ernst nimmt, wird sich auf sie berufen können. Ihr anthropologisches Problem aber lautet: Was ist es, das in der Dichtersprache alles bloß Körperliche überlebt? Wie spricht in ihr Psyche sich so aus, daß sie den lebendigen Körper abhebt vom bloßen Kadaver?

Das alles mag sehr weit hergeholt scheinen, tatsächlich aber liegt hier der Schlüssel zu einem magischen Zwischenreich, in dem auch die Worte des Dichters zum Leben erweckt werden. Denn im Gedicht geht es nicht um bloße Wörterbuchworte, sondern solche mit einer bestimmten psychischen Ladung. Die Vokabeln des Verses stehen gewissermaßen in einem elektromagnetischen Feld, ihre Operatoren könnten daher eben jene Lebensgeister sein oder etwas ihnen Entsprechendes, von dem uns vor Zeiten die Schamanen erzählten, erst gestern die Physiker – und heute, in ihrer Terminologie, die Hirnforscher. Was hat es auf sich mit jenen Phantasiegestalten, die nach Descartes dadurch entstehen, daß die geschäftigen Geister den Fundus unserer Erinnerungen aufmischen und die Seele mit Bildern füttern? Weil im Gehirn längst die Inbilder bereitliegen, als Puzzleteile aus dem Speicher von Mythos und Kollektiv, ist es für sie ein leichtes, sie im Zustand schöpferischer Anwandlung beliebig miteinander zu kombinieren. So kommt es zu jenen *Chimären und Hippogryphen*, wie eine blühende Phantasie sie erzeugt, aber auch zu den kühl berauschenden Bildwelten moderner Lyrik, den überreichen Analogien postsymbolistischer Metaphorik. Ein Dichter wie Baudelaire war von der mathematischen Genauigkeit poetischer Metaphern überzeugt. Von der Imagination sagt er, sie sei die Königin aller Fähigeiten. Die ganze Schöpfung werde von ihr zerlegt und aus den in den tiefsten Tiefen der Seele angehäuften und disponierten Materialien erschaffe sie nach ihren eigenen Regeln eine neue Welt, bringe sie die Sensation des Neuen hervor. Gilt dies nicht gleichermaßen für die Poesie wie für die Wissenschaften? Descartes hat sehr klar erkannt, wie die Seele von solchen Trugbildern, die sich aus dem Repertoire sinnlicher Wahrnehmungen speisen, verzaubert, das heißt zur Passivität verdammt wird. Er hat dabei scharf unterschieden zwischen Halluzination, reinem Irrwitz und den notwendigen Autosuggestionen des Poeten. Eben darum brauchte es auch das von ihm so bewunderte gut gefügte Gehirn. Nur ein solches konnte das von innen Anbrandende, die Inspiration, unter Kontrolle halten und sie aktiv dirigieren. Von den Wirkungen poetischer Kombinatorik heißt es einmal in den *Prinzipien der Philosophie*: »Auf demselben Papier wird dieselbe Feder mit derselben Tinte, je nachdem, wie das Ende der Feder geführt wird, Buchstaben einzeichnen, welche in der Seele des Lesers die Vorstellungen von Schlachten, Stürmen, Furien und die Affekte des Unwillens und Schmerzes erregen; wird aber in anderer, ziemlich ähnlicher Weise die Feder geführt, so wird sie ganz andere Vorstellungen von Ruhe, Frieden, Vergnügen und die ganz entgegengesetzten Empfindungen der Liebe und Fröhlichkeit bewirken.«

»Willst du damit andeuten, der Entdecker des Cogito sei auch der Begründer des sogenannten lyrischen Ichs gewesen? Ist es das, worauf du die ganze Zeit hinauswillst?«
»Der Ausdruck lyrisches Ich ist von einem Arzt geprägt worden, kein Philosoph hätte ihn durchgehen lassen. Es ist ein Sammelbegriff, hinter dem sich vieles verbirgt: die Idee einer künstlichen Subjektivität, ein Formalismus der Sprechweisen und Tonfälle und die Tatsache ihres Abweichens von Alltagsrede und Umgangssprache. Der Dichter spricht, wie man normalerweise nicht spricht, und er weiß darum, und das wird ihm zur Strategie. Ein Dichter ist jemand, der die Sprache in den Ausnahmezustand versetzt. Dazu bedient er sich gewisser ihr innewohnender Kräfte. Wenn er es gut anstellt, arbeitet die Sprache für ihn, und doch sieht es so aus, als hätte er die ganze Zeit für sie gearbeitet. Das lyrische Ich ist eine Schutzbehauptung, in deren Schatten der Dichter den Einflüsterungen seiner Muttersprache folgt, so unauffällig es geht. Wir wissen, wie Rimbaud sich gegen die Zumutung des Descartes verwahrt hat. *Es ist falsch zu sagen: Ich denke. Es müßte heißen: Ich werde gedacht.*«
»Wobei auch dies nur die Äußerung eines lyrischen Ichs war.«
»Und der Beginn aller Hermetik im Namen moderner Dichtung. Von Schopenhauer ist ein Satz aus dem Nachlaß überliefert, der auch dieser Gewißheit noch den Boden entzieht. *Das Wort Ich ist*

im Grunde das größte Aequivocum und bei diesem gegenwärtigen Problem die Quelle aller Täuschung. Von solcher Mehrdeutigkeit weiß das moderne poetische Ich ein Lied zu singen. Im Gegensatz zum Ich des Philosophen, das nie einer Letztbegründung bedurfte, bevor es auf Erkenntnisjagd ging, ringt das poetische Ich mit jeder Zeile, jedem Satz um seine Berechtigung. Das kognitive Ich, das sich in der wissenschaftlichen Ergründung und Konstruktion der Welt selbst verliert, ruft das poetische Ich auf den Plan, in dem der Mensch sein Selbstinteresse verteidigt. Einzig in Richtung nach innen kann das gestaltlose Subjekt der Erkenntnis überschritten werden. Auf zweierlei Weise also hat Descartes zur Entstehung des modernen poetischen Ichs beigetragen mit all seinen Implikationen wie Dunkelheit, Sprunghaftigkeit, Neugier, Zerstreutheit, Spleen usw. Einmal, indem er als erster Denker überhaupt Intelligenz mit dem Singular der ersten Person verknüpfte; und dann indirekt, indem er die Provokationen bereitstellte, in deren Beantwortung sich das in seinem Stolz getroffene Lyriker-Ich verzehrt.«

»Dann wäre Descartes also Ahnherr und Feind in einer Person?«

»Ich habe die Angewohnheit, mir vor dem Schlafengehen Stift und Block bereitzulegen, für den Fall, daß mir plötzlich ein Einfall durchs Hirn schießt und ich mitten in der Nacht aufwache. Am Morgen finde ich dann neben dem Bett verstreut manchmal Zettel, auf denen Notizen stehen, die sich wie Orakelsprüche lesen. So etwa dieser: *Da ist etwas, das geistert durch die Sprache / Und läßt zurück den Sprecher und das Wort.*«

»Es fällt auf, daß ihr Dichter euch gern entzieht. Das poetische Ich tritt, so scheint es, immer nur maskiert an die Öffentlichkeit.«

»So maskiert wie das Ich der erleuchteten Philosophen, unserer ältesten Konkurrenten im Raum der Sprache. Die Poesie beschäftigt sich, wie ihre jüngere Schwester, die Philosophie, mit

Ideen. Aber sie tut dies im Verborgenen, insgeheim, verführt von den abertausenden Erscheinungen, beflügelt von einer Musik, die sie dem Innersten der Sprache selber ablauscht. Um Poesie zu betreiben, aber mehr noch, um sie recht zu verstehen, das heißt, ihr in aller Innigkeit und auf gleicher Höhe mit ihren Geistesblitzen zu begegnen, braucht es ein gut gefügtes Gehirn, wie wir gehört haben. Poesie ist die Hüterin des Nicht-Trivialen, ein Gewitter aus Aphorismen, ihre Geschwistergattung das philosophische Fragment. Aber auch umgekehrt gilt: Solange das philosophische Denken nicht umhin kann, auf Metaphern, Gleichnisse, Sinnbilder zurückzugreifen, bleibt es, wie lose auch immer, an Poesie gebunden und dieser verpflichtet. Es war ein nobler Moment von Geistesbruderschaft, der Ludwig Wittgenstein zu seinem Seufzer veranlaßte: *Philosophie dürfte man eigentlich nur dichten.* Ein Ideal lyrischer Dichtung könnte so aussehen: viele kleine Sensationen auf einer einzigen Buchseite, aufgereiht auf den schwarzen Fernleitungsdrähten der Zeilen, und hin und wieder lassen sich ein paar Gedanken darauf nieder und lauschen dem Singen der Drähte. Unter Poesie, murmelte einmal ein Romancier, der in Wahrheit ein verkleideter Dichter war, unter Poesie verstehe ich die Mysterien des Irrationalen, wahrgenommen durch rationale Worte.«

Um aber ein letztes Mal auf den Helden dieser Studie zurückzukommen… Zu den sympathischen Skurrilitäten des Vernunftmenschen Descartes zählt sein Abscheu vor Horoskopen. Am meisten fürchtete er sich vor dem Aberglauben, als dem größten Hindernis auf dem Wege zur Perfektionierung des Verstandes. Hellseherei, Chiromantie und dergleichen stießen ihn ab, wenn ihn auch das Geheimwissen der Rosenkreuzer und Illuminaten vorübergehend neugierig machte. Der Rationalist aber blieb stets auf der Hut vor den Verführungen des Paralogischen und Übersinnlichen. So verschwieg er beispielsweise sein Geburtsdatum, um den Schicksalsdeutern, von denen es auch im aufgeklärten Holland stark wimmelte, keine Anhaltspunkte zu liefern. Wenn ich daher nach einem Emblem suche, das den ganzen *Orbis pictus* dieses Diskretionisten (in Wahrheit offenherzigsten aller Geheimniskrämer) umschreibt, fällt mir eine Abbildung ein, auf die ich einmal in einer Ausstellung barocker Folianten stieß. Dargestellt war dort der Schlitten der Fortuna in rasender Fahrt durch eine Winterlandschaft. Hinten war Cupido aufgesprungen, ein Kind mit verwuscheltem Haarschopf, das die Zügel fest in der Hand hielt. Anstelle der üblichen Weltkugel aber lag auf dem Pferdeschlitten ein gigantischer Schneeball, mit dem das Gefährt, unterwegs in nördlichen Gefilden, einem märchenhaften Eispalast entgegenstrebte. Wie es sich gehörte, sah man Fortuna-Tyche auf ihrer Kugel tanzen, als Schlittenschmuck und kleine Galionsfigur, und voraus fuhr Vater Chronos, in der Hand die Sichel und auf dem Haupt das Stundenglas, die Verkörperung der allesverschlingenden Zeit. Den Blickfang aber, weich in die Schlittengondel mit ihrem Muschelwerk-Zierat gebettet, bildete jener riesige Schneeball, der in der größten Gefahr schwebte, auch tatsächlich schon etwas matschig war und jeden Moment zu zerlaufen drohte. Denn von der linken oberen Bildecke her wurde er von mächtigen Sonnenstrahlen attackiert, die wie ein Hagel von Brandpfeilen auf ihn herabschossen. Cupido mußte sich höllisch beeilen, wollte er seine Fracht noch vor der Schneeschmelze ans Ziel bringen. Aber ach, schon waren ihm die Zügel entglitten, das Pferd ging durch, und der Schlitten raste führerlos dem alten Verderber nach. Die Erde drehte sich weiter, und in der Ferne waren die Wüste und die Regionen des ewigen Eises schon ununterscheidbar.

Der Stich stammte aus der Werkstatt eines gewissen Wolfgang Kilian, er war das Titelblatt zu einer Verssammlung Jakob Baldes, eines Jesuitenpaters und Zeitgenossen von Descartes, den Andreas Gryphius als den *Teutschen Horaz* rühmte, ein neulateinisch schreibender Satirendichter, der in Neuburg an der Donau wirkte, zufällig an dem Ort also, an den es im Winter 1619/20 den späteren Verfasser des *Discours de la méthode* verschlagen hat. Je länger ich diese seltene Phantasmagorie betrachte, um so klarer wird sie mir zum Symbol für jene neue Ungewißheit, die sich am besten wohl mit der Formel *Descartes und die Folgen* umschreiben ließe. Etwas Unheimliches, Mensch und Landschaft Bedrohendes und doch Namenloses war hier dargestellt, etwas, wovon der Supernaturalist Descartes sich nichts hatte träumen lassen. In all seiner Rätselhaftigkeit wäre es das ideale Titelbild zu einer Gesamtausgabe seiner Werke gewesen, ein Gedenkblatt für den Siegeszug, die Irrtümer und die Schrecken cartesischer Philosophie.

Ein Wort noch über das Jahrhundert, in dem all das sich abspielte. Wir befinden uns, meteorologisch betrachtet, in einer Zeit des Ausnahmezustands. Ein Kälteeinbruch von fürchterlicher Brutalität, gleichgültig gegen Mensch und Tier und Pflanze, dörfliches oder städtisches Leben, Acker und Fluß und Haus, hat die Epoche zu dem gemacht, als was sie uns heute erscheint: ein Zeitalter, besessen von Kristallisation, fröstelnder Humanität, verzweifelter Suche nach Ordnung, sei es durch Geometrie, Rhetorik, Sternenkunde, sei es durch Krieg, planmäßiges Abschlachten und die konfessionelle Aufteilung der Gräber, und darüber die Hoffnungsschimmer von Venus' Wiederkehr, Kastratengesang und Völkerrecht. Mit anderen Worten, es war die Geburtsstunde des sogenannten Rationalismus. Zumindest was

Zentraleuropa betrifft, war sie so einschneidend von Frost und Wintererfahrung geprägt, daß die Vorstellung einer Revolution von oben, aus den Tiefen des Weltalls, nicht ganz abwegig erscheint. Die moderne Klimaforschung hat diese Tatsache anerkannt und deutliche Worte für sie gefunden. Man spricht heute allgemein von der *Kleinen Eiszeit*, und gemeint ist damit jener furchtbare Temperatursturz um die Mitte des sechzehnten Jahrhunderts, wie er den Raum zwischen dem siebzigsten und dem fünfzigsten Breitengrad zum letzten Mal vor zehntausend Jahren heimgesucht hatte. Die Folgen waren verheerend. Damals froren die Seen und Tümpel hinter den Deichen Hollands mitunter monatelang zu, und Island war von einem Ring aus Packeis umgeben. In manchem strengen Winter, so berichten die Chroniken, konnte man den Weg von Amsterdam nach Leiden mühelos in zwei bis drei Stunden auf Schlittschuhen zurücklegen. Ganz Holland war ein einziges für den Kufenverkehr freigegebenes Wassernetz. Nie wieder ist es in dieser kultiviertesten Ecke Europas so bitterkalt gewesen wie zu der Zeit, da Averkamp seine vornehmen Eisspaziergänger malte und Breughel seine Jäger und Fallensteller im Schnee.

So will ich mit einer Betrachtung des Winters schließen und damit den Bogen zurückschlagen zum Anfang dieser kleinen gedanklichen Expedition. Ich möchte die Aufmerksamkeit auf ein paar ikonographische Hauptelemente der Epoche lenken, in der René Descartes sich bewegte und zu Ehren kam. Zur Emblematik dieses erstaunlichen Mannes gehört unbedingt auch der holländische Winter. Man könnte sagen, es war die Winterkälte, die jenen Rationalismus gebar, den man gewöhnlich mit seinem Namen verbindet. Seine Sinnbilder decken sich aufs genaueste mit den Witterungsverhältnissen im Leben seines Begründers. Sie sind uns in so vielen Aspekten überliefert, daß seine Biographie sich mühelos durchillustrieren ließe anhand des umfangreichen Korpus zeitgenössischer Malerei. Es genügt ein Museumsbesuch, Abteilung Flämische und Niederländische Meister, um den noblen Geist immer wieder in exemplarischen Alltagsszenen zu entdecken, mitunter bei den allerbanalsten Verrichtungen, etwa beim Tränken eines Pferdes in einer dunstigen Flußlandschaft, beim *Colf*-Spiel mit ein paar fremden, pluderbehosten Elegants auf dem vereisten Stadtgraben, wie er eben den Abschlag übt, an einer festlich gedeckten Tafel, allein zurückgeblieben, damit beschäftigt, eine Orange zu schälen oder nachdenklich wippend in einem eichenen Lehnstuhl, den Fuß auf einem Stapel lederner Folianten abgestützt (obenauf liegen die Werke des Aristoteles). Man sieht ihn allenthalben, und allenthalben sieht er einen aus den Bildtiefen heraus an. Selten, daß er sich einmal in den Vordergrund spielt, oft zeigt er sich nur in einer der schwarzen Figürchen, die der Komposition später hinzugefügt wurden, von der Hand eines auf Staffage spezialisierten Kollegen des Malers. Es ist ein gewisser Typus (*Der Philosoph*), ein Mann in den besten Jahren, sofort erkennbar als schweigsamer Widergänger auf den verschlungenen Pfaden, die in der Galerie der Barockzeit die Leinwandhintergründe miteinander verbinden.

Die Präsenz dieser Bilder läßt manche Wirkung der Photographie verblassen und nimmt sie doch souverän vorweg. Es gehört zu den Geheimwirkungen ihrer Ausstrahlungskraft, daß man mitunter meint, beim Betrachten wirklich auf gute alte Bekannte zu stoßen, darunter solche, die man doch allenfalls aus ihren Büchern kennen konnte; und doch sind sie da, und es ist ihre Geistesgegenwart, die den vertrauten Anblick erzeugt. Nicht das Auge, es ist die Seele, die sieht, sagt Descartes an einer Stelle der

Dioptrique. Um aber der Seele beim Sehen zu helfen, bedurfte es erst verschiedener technischer Neuerungen. Ohne sie wäre der Ausbruch vollendeter Pinselkunst, die Blüte der Malerschulen in einem so kleinen Flecken Europas undenkbar gewesen. In allem lag nun dieselbe methodische Vorgehensweise, dieselbe taktische Rekonstruktion des Sehvorganges, für die Descartes in seinen Schriften das Muster geliefert hatte. Wie aber hätte man sich ein cartesisches Gemälde wohl vorzustellen? Die Kunsthistoriker sprechen vom *optischen Charakter* der niederländischen Malerei. Gemeint ist die nahezu wissenschaftliche Präzision, mit der in den Ateliers Fragen der Linear- und Zentralperspektive behandelt wurden, der experimentelle Geist, der sich in immer neuen Versuchen Problemen der Beleuchtung, der Farbwertigkeit und der Licht-und-Schatten-Relation widmete. Auch wenn sich ein Einfluß dieser höchstentwickelten Kunstform auf Descartes' Theorie vom Licht und von den Farben direkt nicht nachweisen läßt – sowenig wie umgekehrt eine Anregung seiner Lehren durch die Bilder der Rembrandt, Brouwer oder van Goyen –, sind die Gemeinsamkeiten doch augenfällig. Daß Farbe keine Eigenschaft des Gegenstands ist, sondern dieser vielmehr ein Effekt der Lichtreflexion, durch den die Verschiedenfarbigkeit erst zur Geltung kommt, war gute cartesische Erkenntnis und längst auch malerische Praxis. Alles ist in Bewegung: das Auge des Betrachters ebenso wie die Objekte und zwischen beidem vermittelnd das Licht. Es ist dasselbe aktive Licht, das in die Luft den Regenbogen zaubert, das an Kristallen sich bricht und von den Körpern, je nach Lage und Einfallswinkel, reflektiert wird. In diesem Licht erst beginnen die Öloberflächen zu glühen, entstehen die Farbsensationen als Emanationen des Grundes, erhalten die bekannten Motive ihre nie wieder erreichte erstaunliche Leuchtkraft – hier ein Brustharnisch, da der Kopf eines biblischen Greises, Susannas nackte Schenkel oder das Silbertablett voller Austern. Daß Farben nichts anderes sind als die Metamorphosen, die subjektiven Abenteuer des Lichts, das den Objekten erst Ausdruck verleiht, war eine Einsicht, die Descartes mit den größten Malern seiner Zeit teilte. Das Bild entsteht im Auge des Betrachters, es ist die Seele, die sieht: Diese Sätze hätte auch der Schöpfer der *Nachtwache* dem Philosophen der Wahrnehmung nachsprechen können.

Da waren Amsterdams zugefrorene Grachten und die Buchten und Flußmündungen Seelands, und hier wie da konnte es geschehen, daß bei Wind und Wetter eine dunkel gekleidete Gestalt aufkreuzte, die entschiedenen Schrittes das Pflaster trat, den Hut tief ins Gesicht gezogen im Schneeregen, den Fledermausumhang eng um sich geschlungen, ein schwarzes Komma in einer im Flockenwirbel unleserlich gewordenen Landschaft. Da war die stattliche Ansicht Dordrechts, und im Vordergrund, am Zusammenfluß von Maas und Merwede, sah man auf einem Fährboot, inmitten einer kleinen Gesellschaft den reiselustigen Franzosen mit seinem Diener auf einer schweren Truhe sitzen, in die Betrachtung der Eisschollen vertieft, zwischen denen Fischerkähne und Transportschuten virtuos hindurchmanövrierten. Da waren die seltsam eckigen Kirchtürme Utrechts und Leidens, wie abgebrochen in der milchigen Frostluft, und man ahnte, was sich hinter den geweihten Backsteinmauern verbarg: jene hohen, schmucklosen Kalkwände der Kirchenschiffe, wie auf den Bildern der Saenredam und De Witte, calvinistisch streng, jedoch in so heimtückisch verschachtelter Perspektive gemalt, daß die Bürger neben den mächtigen Säulen, zumal im Winterlicht, zu verhärmten Zwergen verkürzt erschienen. Ganz am Rand aber stand da ein vereinzelter Edelmann, den Degen züchtig ans Beinkleid gepreßt, der sichtlich angezogen war von der berauschenden Nüchternheit dieser Räume. Da war das Behagliche, das Unheimliche und das Kühle, stets auf engstem Raum beieinander, und mittendrin die immergleiche untersetzte Figur, ein Doppelgänger des gallischen Philosophen. Es gab die Behaglichkeit nächtlicher Kammern, wo der erwerbsfleißige Bürger (und so auch der Forscher) sich vom Tagwerk ausruhte, und alles im Kerzenlicht lag, bis zum letzten Fußwärmer und Sitzkissen, war in ein molliges Braunrot getaucht, während die Haushälterin das Abendbrot auftrug, wie auf den kleinen Tafeln des Gerrit Dou, der ein langsamer Maler war und alles gründlich durcharbeitete und auch den Kohlkopf, den Vogelbauer und das Stundenglas nicht vergaß. Es gab das Unheimliche der Silberschalen und Zinnpokale und der fangfrischen Austern auf ihrer Platte im Perlmuttglanz, wie auf den Stilleben der Willem Claesz Heda und Joseph de Bray, festgehalten für eine kleine Ewigkeit – unheimlich, weil ein Luxus wie dieser das Gewissen der Tugendhaften belastete (während es den Weltmann mit dem sicheren Vermögen in seiner Studierstube kaltließ): daher die vornehme Monochromie, das schmale Halsband aus Blut im Gefieder des Rebhuhns, der elend herabhängende Kopf des erlegten Hasen. Und es gab die Kühle der Interieurs im morgendlichen Novemberlicht, Küchen im matten Delfter Blau ihrer Fliesen, die mit dem Schläfengeäder blaßhäutiger, gänserupfender Mägde harmonierten, denen vom Ende des Hausflures her, von den Wandspiegeln mehrfach angekündigt, der vornehme Besucher zusah, auf dessen Stirn sich sämtliche Fluchtlinien kreuzten. Da war das bereifte Blech der bedrohlichen Zunftschilder auf allen Wegen und Stegen: ein Uhrwerk mit Zahnrädern, Barbiermesser, Klistiere, ein Weisheitszahn mit gegabelter Wurzel, ein hölzerner Arm, der ein Bündel geschnitzter

Weintrauben in die Gasse hinaushielt, dicht über den Köpfen vermummter Passanten, an einer Hausecke flatterten Dutzende Anschlagszettel im eisigen Wind, und auch hier wieder ging in der Menge der Ausrufer, Händler, Spaziergänger jener eine umher, leicht identifizierbar anhand des Steckbriefs, den Frans Hals von ihm überliefert hat. In der Abenddämmerung sehen wir Schlittschuhläufer, in sich gekehrt, eine Hand auf dem Rücken, hin und her schwanken wie Hampelmänner, schaudernd und im Geschwindigkeitsrausch. Und wo war er? Richtig, dort bei der Baumgruppe stand er wie angewurzelt vor Kälte, vom Betrachter abgewandt, bei den Erlen mit ihrem Kahlgeäst, die Giraffenskeletten glichen oder schwarzen Riesenkorallen, über ihm ein Schwarm Krähen, der auf Mensch und Pferd herabschaute, ungerührt von dem lustigen Treiben. Kann es sein, daß er gerade eine Messung vornahm, er hielt etwas in den Händen, das aussah wie ein geodätisches Instrument. Am Himmel hatte ein Tintenfisch seine Sepiawolken ausgestoßen an diesem Mittwinterabend, und er war dabei, zu der morschen Windmühle in der Ferne hinüberzupeilen, still und konzentriert wie auf jenen Bildern in seinen Büchern, die Szenen aus seinem Leben festzuhalten schienen.

Einmal sah man ihn als Miniatur am Rande eines historischen Ereignisses, Ankunft oder Abfahrt irgendeines Würdenträgers in Middelburg, bei der Übergabe eines goldenen Schlüssels am Rathausplatz zu Hoorn, ein andermal auf einem Hügel oberhalb von Wageningen, wie ein Feldherr im Bärenpelz die verschneite Rheinebene überblickend, den Unterarm auf die *Koningstafel* gestützt, einen steinernen Tisch, der dort als Aussichtspunkt lockte, ideale Unterlage für die mitgebrachten Landkarten und Zeichenblätter (Merci bien, Aelbert Cuyp). Dann wieder stapfte er, den Hut tief ins Gesicht gezogen, durch den Schneematsch draußen vor dem Bollwerk am Amsteldeich, an etlichen düsteren Speichergebäuden vorüber, der Gefangene eines besonders erbarmungswürdigen Winternachmittags, da die alten Weiblein auf der Straße vor Kummer eingedrückt schwiegen. Seltsamerweise erkannte man ihn selbst noch auf Gemälden, die erst Jahre nach seinem Tod die Ateliers verließen, etwa auf einer der kleinformatigen Stadtansichten des Jan van der Heyden, die ihrerseits stark überblendet waren, aus mehreren Phantasieorten zusammengesetzt – nein, nicht in dem Lümmel, der dort in den Hofdurchgang pißte, aber in dem Einzelgänger mit roter Brustschärpe, der seinen Hund entlang des Kanals spazierenführt, auf dem pedantisch gemalten Pflaster, bei dem man jeden einzelnen Kopfstein zählen konnte. Ein andermal war er vom Pferd abgesessen, einem kräftigen Apfelschimmel, stand da, den Umhang schräg über der Schulter, und sah den Anglern am Eisloch beim Aalfischen zu, überwältigt von der Dunkelheit dieser glucksenden kleinen Spalten im Weltall, vom Vorrücken der Arktis bis in die deichgeschützten Regionen des innersten Holland. Oder er gönnte der Eisbelustigung vor den Stadtmauern ein Viertelstündchen, als der geborene Causeur, ins Gespräch vertieft mit einer Dame, die ihr Haar züchtig unter einer schwarzen Haube verbarg, ringsum tollten Kinder umher, ein Verkrüppelter schob sich mühsam an Stöcken auf seinem Schlitten vorüber, einem Taschenkrebs gleich, und in der Ferne kämpfte ein Fuhrwerk gegen die Krümmung einer geschwungenen Zugbrücke an. Weiter draußen vor der Küste spielte sich unterdessen ein grimmiges Seestück ab, würdig des Pinsels eines De Vlieger, eines Bakhuysen: vor schwarzgrauer Gewitterwand, sturmgepeitscht, ein Stück höllischer Nordsee mit der Miniatur eines Dreimastseglers in rasender Berg- und Talfahrt über gischtweiße Wogen. Die Mannschaft hatte sich unter Deck verkrochen, und so auch er, als grauer Umriß im Fenster der Kapitänskajüte erkennbar, nur noch ein Schatten seiner selbst. Es war die Heimkehr aus Frankreich, wo er in Erbschaftsangelegenheiten unterwegs gewesen war. Landeinwärts erstreckten sich die winterlichsten aller Winterlandschaften, tief gestaffelt und unheimlich flach sich hinziehend, vor einem Wolkenhimmel, der zwei Drittel des Bildes einnahm, und auch hier wieder stieß man unfehlbar auf das gedrungene Männlein, verloren in diesen weißen Weiten und doch ihr imaginärer Fokus, in dem die ganze Natur sich zu sammeln schien. Da waren die tiefverschneiten Wiesen, vom schwarzen Linienwerk der Kanäle gegliedert, was die hübsche sommerliche Halluzination hervorrief von gewaltigen Wäschestücken, die dort zum Bleichen ausgebreitet lagen, von Totenhemden, gemacht für ein Riesengeschlecht, und weißen Bettlaken, auf denen zu Hause das ganze Jahr über Vermehrung stattfand und Liebesspiel. Man konnte es auch so sehen: In jener Historienlandschaft war alles mit allem verbunden, und der Schnee das ideale Bindemittel, so neutral wie die Zeit selbst, eines ihrer stofflichen Äquivalente. Unter allen Schneesorten aber stach dieser eine, schwer zu taxierende, blauviolette hervor, der so sehr dem Bartschatten glich, den der schlaftrunkene Winterhäftling frühmorgens in seiner unbeheizten Stube im Spiegel erblickte.

Da war zuletzt der erhabene Anblick eines riesigen Deltas, gespeist vom Meer und den drei Flüssen Rhein, Maas und Schelde, eine Wiesenlandschaft, die allerorten unter Wasser stand, und wenn die Wasser gefroren waren, glich das Ganze einem riesigen Spiegelkabinett, und dazwischen irrte, ein bloßer Punkt, flink wie ein Wasserläufer, ein Mensch umher, dem dieser Flickenteppich im Universum so vertraut war wie das Innere seines Stulpenhandschuhs. Weil es aber seinerzeit weder Luftschiff noch

Flugzeug gab (bis auf die wunderlichen Flugapparate eines gewissen Cyrano de Bergerac, bestehend aus einer Traube von Kugelfläschchen, mit Tau gefüllt), ließ sich von Vogelperspektiven allenfalls träumen. Descartes blieben die betörenden Aussichten vorenthalten, die heute jeder Passagier eines Düsenjets aus seinem Bullaugenfenster haben kann, wenn er es nicht gerade vorzieht, sich zurückzulehnen und in der Tageszeitung zu blättern.

Fröhliche Eiszeit? Gott ja, was für ein kehlezuschnürender Refrain auf das Leben eines Menschen, der von frühester Kindheit an fror und dem die Kälte zeitlebens als bitterster Feind der Gesundheit erschien. Denn hier schließt sich der Kreis: Wie sich herausstellte, sollte Descartes als Mann von fünfundfünfzig Jahren im hohen Norden an eben der Krankheit sterben, die schon die Mutter dahingerafft hatte. Dieser kälteempfindlichste aller Denker ließ sich ausgerechnet nach Skandinavien verfrachten, »ein exotischer Elefant« ins Land der Bären, der Schären und zugefrorenen Seen, nach langem Zögern, dunkler Vorahnungen voll, wo er prompt in einem weiteren Winter starb, an einem strengen Februarabend des Jahres 1650, an den Folgen einer Lungenentzündung, ausgelöst durch eine dumme, kleine Erkältung. Niemand kann sagen, was ihn bewog, sich schließlich doch auf das tödliche Risiko einzulassen. Was ihm den Rest gab, waren die unmenschlich frühen Morgensitzungen, zu denen ihn Königin Christina täglich einbestellte, in die grabeskühle Hofbibliothek, zum gepflegten platonischen Dialog. Es hieß, die wißbegierige Monarchin habe in jenem Jahrhundertwinter nicht einmal genügend Kleingeld für Brennholz übrig gehabt. Der arme Sokrates, Opfer einer Rekordkälte, verstarb sozusagen auf offener Bühne und in Ausübung seines Berufes, blutspuckend und mit den Ärzten hadernd, genau wie sein Landsmann Molière, Verfasser einer Komödie, in welcher der Cartesianismus längst ein Salonthema war unter den *Gelehrten Frauen* der Zeit. Descartes hat dies zum Glück nicht mehr erleben müssen. Bevor es so weit kommen konnte, war er über alle Berge Lapplands entschwunden, jenem sagenhaften Eispalast entgegen, der in der absolutistischen Kultur seines Heimatlandes das *Panthéon* hieß. Seither hält er dort Hof, am geistigen Polarkreis, als Fürst des Rationalismus verschrien, und alle Nordlichter wetterleuchten in seinem Namen. Nicht Albertus Magnus mit seinen Naturerleuchtungen, auch nicht Johannes Kepler (1571-1630), zu dessen Nebenwerken die kleine Schrift *Neujahrsgabe oder Vom sechseckigen Schnee* gehört, es ist Descartes, dem man aufgrund seines Schnee-Paragraphen in den *Meteoren* einen ersten Einblick in die Arkana der Kristallographie zuschreibt. Wie für alles unter der Sonne hatte er auch eine Erklärung für das Zustandekommen des Schnees gesucht und gefunden. Doch erst mit dem Tod war es besiegelt: Das Thema Kälte, Winter in allen seinen Schattierungen und Graden, gehörte zu den Zentralmotiven dieses Lebens. Sein Vermächtnis aber findet sich nirgends so rein und sehnsuchtsvoll ausgedrückt wie in der letzten, postum überlieferten Äußerung des Philosophen. Unter den Papieren des Verstorbenen fand sich auch ein Fragment. Es ist der Dialog dreier wackerer Musketiere der Metaphysik, mit einem auf Marcel Proust vorausweisenden Titel im Stil barocker Grandeur: *Recherche de la vérité par la lumière naturelle*. Er bricht mitten im Satz ab, in dem Moment, da der Philosoph sich eben zu einer letzten Definition aufzuschwingen scheint, mit den Worten: »Ich verstehe unter einem denkenden Wesen ...«

Hinterm Deich

Für Jürgen Habermas

(Sommer 1629. Franeker, ein Dorf in den Vereinigten Provinzen der Niederlande)

Hier stand sie still, die Zeit. Für ihn stand sie hier still.
Er selbst schien stillzustehn. Wie jener Reiher dort
Am Böschungsrand, auf einem Bein, vorn am Kanal.
Und er erschrak, wenn er nach Stunden aus dem Fenster sah,
Und immer noch stand da der Vogel, starr im Ufergras.
Natur, die Urgeduld. Und nur der Mensch war ruhelos.
Ein Widerspruch. Der Mensch, war er nicht selbst Natur?
Doch ihm allein, in allem tickend, diese Weltzeituhr,
Lag sie im Ohr. Und leicht verfehlte er das Himmelreich
Mit seiner Unruh, Ungeduld. – Er träumt, der Deich.

Die Landschaft träumt. Ganz Holland, sattes Polderland,
Dem Meer entrückt, für Kuh und Schaf ein Weideglück.
Ein Kunstwerk war, der größten eins von Menschenhand,
Der Zeedijk dort. Er stand am Arbeitstisch, gebückt,
Und zeichnete. Und schrieb. Wie nur der Mensch es kann.
Entwarf, verwarf akribisch, einen Sommer lang,
Den Apparat, in dem, vorm Schleifstein eingespannt,
Ein Scherben Glas zur Linse wird – zum Strahlenfang.
Renés Patent: daß, wer statt sphärisch, hyperbolisch schleift,
Den Brennpunkt schärft, war nur Papier, kaum praxisreif.

Mais oui, er träumt. Hielt lange Ausschau nach dem Deich,
Und manchmal, vor Bewunderung, den Atem an.
Wenn Seewind ging, an einem Tag wie heut, im Junilicht,
Sah er vom Fenster aus das Teppichmuster, butterweich,

Die Streifen Grün, in Wellen sanft bis hin zum Meeresrand.
Er fühlt sich leer. In Landschaft aufgelöst dies Ich –
Das sich nichts denkt. Was solls? Er spürt, wie Zeit verstreicht,
Am Kinn den Luftzug, warm. Und daß er nichts versäumt.
Er schaut und staunt. Er weiß, drei Arten gibts von Deich:
Der vordre wacht, der nächste schläft, der innre träumt.

Wie las er einst in Rom? *Et in Arcadia ego.* Dort,
In Holland erst, verstand er es: Kein Paradies auf Erden
Wächst je aus Raub und Krieg, der fremdes Land verheert.
Kein Grund ist frei, der auf Vertreibung baut und Völkermord.
Wo Schlachtfeld Acker wird, muß jede Saat verderben.
Ganz anders hier, wo man dem Meer den Krieg erklärte.
Auf Deichbau gründet, Landgewinn durch Menschenfleiß,
La liberté. Was manchem flach schien, öd, *ennuyeux* –
Er sah das Gras darin, den einzelnen, den Halm, fragil.
Der Lerche, süchtig, folgt sein Blick in allerhöchste Höhen
Und kehrt zurück zum Horizont. Die Zeit stand still

Im Norden hier … unheimlich still. Und was das beste ist:
Kein Mensch kennt sein Asyl. Das alte Füchslein, schlau,
Hält sich versteckt in der Provinz. Nur, welche List
Bringt ihm Ferrier, den Technicus, hier in sein Deich-Château?
Da war die Sache mit den Linsen. Und die Einsamkeit.
Und Tage gabs, da es selbst ihm vor soviel Stille graute.
Da fällt ihm ein: Wie wärs, man bündelt all die leere Zeit,
Dem Lichtstrahl gleich, und brennt ein Loch ins Himmelsblau?
Im Ernst, kein Scherz war, was er nach Paris heut schrieb:
»Bald wird man sehn, obs auf dem Mond wohl Tiere gibt.«

Den Mond, so nah wie hier sah er ihn nie. Paris –
Erschien ihm fern dagegen. Der Polarstern, im Vergleich
War Notre-Dame, der gotische, der weiße Stachelspieß.

In mancher Nacht lag da, im Mondlicht hinterm Deich,
Verzaubert ein lunares Reich. – Und einen Katzensprung,
Bei ruhiger See, entfernt nur schwamm der Erdtrabant.
Ach, Galilei. Mit einem Teleskop à la Descartes,
Im Handumdrehn wär dir der Mondausflug gelungen.
Was keiner ahnt: Warum wohl schätzte er die Niederlande?
Weil man das Ziel nur hier sah nachts im Traum, so klar.

Hier stand sie still, die Uhr. Für ihn stand sie hier still.
Das platte Land, vom Meer die Brise – wie geschaffen
Für Reflexion. Für einen kühlen Kopf wie ihn
Gab es nichts Schöneres als einen Mittag, frisch wie hier.
Das liebe Vieh, sein Muh und Mäh, dazu das dunkle Brot,
Von einer Maid, milchweiß, serviert, ein reifer Käselaib.
Was will man mehr? Sein Bett, nun gut, war unbequem.
»Ich bitt Sie, Freund, bringt mir ein paar Matratzen mit.«
Doch sonst? Natur, er war ihr dankbar hier, so reich beschenkt.

PS: Die Welt verändern wird, was ich seit Tagen denk.

Anmerkungen

1   Es leuchtet ein, was Deleuze schreibt, der weitsichtigste Philosoph am Ausgang des 20. Jahrhunderts. »Wenn Descartes sie nicht auflösen konnte (die Problematik der Freiheit der Seele), dann weil er das Geheimnis des Kontinuums auf geradlinigen Wegen und das der Freiheit in einer Geradheit der Seele suchte, und dabei die Neigung der Seele ebenso wie die Krümmung der Materie mißachtete.« In: Gilles Deleuze, *Die Falte. Leibniz und der Barock.*

2   »Qui voit comme nous sommes faits / Et pense que la guerre est belle, / Ou qu'elle vaut mieux que la Paix / Est estropié de cervelle.« Der Akzent liegt auf dem Zeilenende »cervelle«, ein Wort, das Verstand und Hirnsubstanz ineinssetzt – die Pointe wäre also gut cartesisch.

3   Kurz und bündig dazu der Mathematikprofessor Michel Authier, *Die Geschichte des Brechungsgesetzes und Descartes' »vergessene« Quellen*, wo es mit dem Ausdruck größter Verärgerung heißt: »Die Genialität Descartes' liegt in seiner unbedingten Skrupellosigkeit gegenüber älteren Theorien. Er plündert, fügt zusammen, flickt, verdreht und verdeckt Stücke, Brocken, Ideen, um sich daraus sein Kostüm zu schneidern, trennt ab, was ihn stört, überhöht, überdehnt oder verengt nach Belieben den Sinn der Wörter, vernichtet in drei Zeilen die Arbeit von drei Jahrhunderten, läßt sich zwanzig Seiten lang über eine Lappalie aus.« Die völlige Verkennung der Lebensleistung des Descartes einmal beiseite, bleibt doch die Affäre um das sogenannte Lichtbrechungsgesetz einigermaßen undurchsichtig. Als sein Entdecker gilt heute der Holländer Snellius oder Willebrord van Snel van Rojen (1580-1626), auch wenn Descartes etwa zur selben Zeit mit seinem Beweis in der *Dioptrique* Anspruch auf die Entdeckung erhob.

4   Wie weit verbreitet der Substanzbegriff in der Alltagssprache der damaligen Zeit war, zeigt das Beispiel der Madame de Sévigné. In einem der Herzensbriefe an die geliebte Tochter, eine bekennende Descartes-Anhängerin, kommt die hübsche Wendung vor: »Ich bin froh, eine

denkende und lesende Substanz zu sein: ohne das wäre unser Abbé allein nicht sehr unterhaltend.« (Brief an Frau von Grignan in Orléans, 11. September 1675)

5 Dazu ein Vers aus der Reimschmiede einer Thüringischen Glas-kunstfabrik, die den Flaschentaucher noch heute für den Hausge-brauch herstellt. Erstaunlich die allegorische Qualität des Gedichts im Hinblick auf Descartes' Konzeption eines intelligiblen Ego: *Thüringer Flaschentaucher* »Flaschentaucher werde ich genannt / und bin in vie-lerlei Gestalt bekannt. / Descartes hat mich im 17. Jahrhundert wohl entdeckt; / er zeigte erstmals auf, was alles in mir steckt. / Zuerst wird eine Flasche vollgefüllt mit Wasser / bis zum Rand, gebraucht, damit der kleine Flaschentaucher taucht. / Dann wird der Taucher durch die Flaschenöffnung eingeführt, / und diese Öffnung wird mit einer Gum-mihaut noch fest verschnürt. / Drückt man die Gummihaut hinein, / sinkt der Taucher bis zum Flaschenboden ein. / Läßt man die Gum-mihaut dann wieder los, / steigt der Taucher auf und tanzt durch den Rückstoß. / Und wenn er einmal stehenbleibt am Grunde, / steht er voll Wasser bis zum Schlunde. / Dann nimmt man ihn und schüttelt oder saugt, / damit er für den schönen Tanz dann wieder taugt.«

6 Edmund Husserl, *Cartesianische Meditationen. Eine Einleitung in die Phänomenologie*, § 10. »Darin hat Descartes gefehlt, und so kommt es, daß er vor der größten aller Entdeckungen steht, sie in gewisser Wei-se schon gemacht hat, und doch ihren eigentlichen Sinn nicht erfaßt, also den Sinn der transzendentalen Subjektivität, und so das Eingangs-tor nicht überschreitet, das in die echte Transzendentalphilosophie hineinleitet.« Ihr Kernsatz wäre, was Husserl in den *Ideen III* dann so formuliert: »Die seelische Realität ist in der leiblichen Materie fundiert, nicht ist aber umgekehrt diese in der Seele fundiert. [...] Während die res extensa, wenn wir ihr Wesen befragen, nichts von Geistigkeit enthält und nichts, was über sich hinaus eine Verknüpfung mit realer Geistigkeit forderte, finden wir umgekehrt, daß reale Geistigkeit we-sentlich nur sein kann in Anknüpfung an Materialität als realer Geist eines Leibes.« (Zitiert nach M. Merleau-Ponty, *Der Philosoph und sein Schatten*)

7   Hier ein Beispiel für die schlichte Eleganz der cartesischen Prosa, die sich wie alles gut Geschriebene an mehrere Sinne gleichzeitig wendet. Er ist nach den ewigen Wahrheiten gefragt worden, durch welche Art von Kausalität Gott sie gebildet und in uns eingesenkt hat, und Descartes antwortet: »Ich sage, daß ich es weiß, und nicht, daß ich es erfasse und begreife; denn man kann wissen, daß Gott unendlich und allmächtig ist, obgleich unsere Seele es als endliche weder verstehen noch denken kann; ebenso wie wir wohl einen Berg mit den Händen berühren, ihn aber nicht umarmen können…« Man beachte den metaphysischen Dreh, der darin besteht, aus einer transzendenten und also unbegreiflichen Angelegenheit (Gott) etwas Handgreifliches zu machen (den Berg). Wichtig ist auch das Wörtchen *umarmen*, diese wie nebenbei eingestreute Liebeserklärung an ein Wesen, das für die meisten nur ein abstrakter Name war (der *Deus* der Theologen). Und Descartes schließt diesen kleinen Vortrag über Begreifen und Wissen so: »Denn begreifen heißt mit dem Gedanken umarmen; um aber etwas zu wissen, genügt es, es mit dem Gedanken zu berühren.« Hier wie so oft bei ihm ist gerade die einfache Anschaulichkeit des Gedankengangs das Brillante. Es ist, nebenbei bemerkt, der berühmte cartesische Umkehrschluß, der sich auch hier wieder bewährt. Nicht: Was ich nicht sehe, das macht mich nicht heiß, sondern: Was ich in Gedanken berühren kann, das muß es schon darum auch geben. Das ist nicht nur geschickt argumentiert, es geht auch gehörig zu Herzen, und der Fragesteller Pater Mersenne wird nicht schlecht gestaunt haben über die kindliche Religiosität seines berüchtigten Skeptikerfreunds. Im übrigen kann man nie wissen. Die Furcht vor einem unbewußten Atheismus hat manche der klügsten Köpfe in die Arme des Aberglaubens getrieben.

8   Er selbst wird nie müde, darauf hinzuweisen. Mit der Fülle der Verdachtsmomente wächst aber auch die Absurdität seiner christlichen Glaubensbeweise. »Was die öffentliche Bezeigung anbelangt, daß ich römisch-katholisch bin, so habe ich sie, wie mir scheint, schon zu verschiedenen Malen sehr ausdrücklich vollzogen: Wie etwa durch die Widmung meiner *Méditations* an die Herren der Sorbonne, durch die Erklärung, wie die Gestalten ohne die Substanz des Brotes in der geweihten Hostie bleiben; und anderswo.« (Brief an Mersenne, Endegeest, März 1642)

9 *Principia Philosophiae*, II. Teil, Über die Prinzipien der körperlichen Dinge, Abschnitt 13. »Wenn z. B. ein Schiff auf dem Meer fährt, so bleibt der in der Kajüte Sitzende immer an derselben Stelle, wenn man nur die Schiffsteile beachtet, zwischen denen er seine Stelle bewahrt; zugleich aber wechselt er stetig den Ort, wenn man die Küste beachtet, da er hier beständig sich von der einen entfernt und der anderen nähert. Und wenn wir annehmen, *daß die Erde sich bewegt* [Hervorhebung vom Verf.] und genau so viel von Westen nach Osten geht, als das Schiff inzwischen von Osten nach Westen fährt, so werden wir wieder sagen können, daß der in der Kajüte Sitzende seinen Ort nicht ändert, wenn wir die Bestimmung dieses Ortes von gewissen festen Punkten am Himmel abnehmen. Nehmen wir endlich an, daß es keine solch unbewegten Stellen in der Welt gibt, wie das unten als wahrscheinlich dargelegt werden wird, so können wir schließen, daß es keinen festen und bleibenden Ort für irgendeine Sache in der Welt gibt, außer insofern er durch unser Denken bestimmt wird.« Letztere Annahme ist, wie wir gesehen haben, die Pointe des ganzen cartesianischen Denkens. Man sieht förmlich den Philosophen, in seiner Kajüte eingesperrt, als ewige Vignette vor Hollands von Stürmen oft heimgesuchter Küste.

10   Bei David Hume kann man nachlesen, wie ein schlagfertiger Empirismus hundert Jahre später mit dem Substanzbegriff umsprang. Im Zeitalter Newtons war es ein leichtes, diesen letzten aristotelischen Ballast aus dem aufsteigenden Ballon der Aufklärung abzuwerfen. Eine wahre Luftnummer war dies: Mit dem Aufgeben der Substanz als dem Grund allen Ich-Seins mochte wohl Freiheit gewonnen sein, Identität aber ging im selben Moment verloren. Ein Wesen, das sich selbst von Eindruck zu Eindruck erst zusammenfindet und mit jedem neuen wieder verändert, ein Augenblicksbündel aus Impression und Reflex also, wird Freiheit nurmehr als absolute Bedingtheit erleben. »Descartes behauptete, daß Denken, nicht dieser oder jener Gedanke, sondern daß Denken überhaupt das Wesen der Seele sei. Aber diese Behauptung ist vollkommen unverständlich, weil alles, was existiert, einzelnes ist. Daher müssen es die vielen einzelnen Perzeptionen sein, die zusammen den Geist bilden. Ich sage: den Geist *bilden*, nicht zum Geiste *gehören*. Die Seele oder der Geist sind keine Substanz, der die Perzeptionen

inhärieren. Der Begriff der Substanz ist so unbegreiflich wie die *carte-sianische* Vorstellung, daß Denken oder Perzipieren überhaupt das We-sen des Geistes sei. Wir haben keine Vorstellungen von Substanzen.«
(David Hume, *Abriß eines neuen Buches, betitelt: Ein Traktat über die menschliche Natur,* etc.)

11   Friedrich Nietzsche scheint etwas geahnt zu haben. Wie anders läßt sich die erstaunlich weitsichtige Bemerkung erklären: »Wollen scheint mir vor Allem etwas *Compliziertes,* Etwas, das nur als Wort eine Ein-heit ist...« Und es kommt noch genauer, der Philosoph streift jüngste Forschungsergebnisse, wenn er schreibt: »... sagen wir: In jedem Wol-len ist erstens eine Mehrheit von Gefühlen, nämlich das Gefühl des Zustandes, von dem *weg,* das Gefühl des Zustandes, zu dem *hin,* das Gefühl von diesem ›weg‹ und ›hin‹ selbst, dann noch ein begleitendes Muskelgefühl, welches, auch ohne dass wir ›Arme und Beine‹ in Bewe-gung setzen, durch eine Art Gewohnheit, sobald wir ›wollen‹, sein Spiel beginnt.« (*Jenseits von Gut und Böse,* Erstes Hauptstück, § 19) Woher wußte er damals schon, was Professor Libet hundert Jahre später als gesicherte Erkenntnis so formulieren würde: »Wir stellten fest, daß das Gehirn eine Willenshandlung etwa 400 ms, bevor die Person sich ihrer Absicht oder ihres Wunsches zu handeln bewußt wird, einzuleiten und vorzubereiten beginnt. Das bedeutet, daß der bewußte freie Wille den Willensprozeß nicht einleitet; das Gehirn leitet den Prozeß unbewußt ein.« War Nietzsche Hellseher?

12   Verworfen wird unter den heutigen Neuronenjägern auch die Vor-stellung von einem zentralen Beobachter im Gehirn. Da nützt es wenig, daß bei Descartes von einem solchen Supervisor, der alle sensorischen Informationen auswertet, an keiner Stelle die Rede ist. Es gibt bei ihm einzig das Modell Zirbeldrüse als eine Art Steuerrad (wenn auch ohne Steuermann) – und jenes Cogito, von dem jeder, der Ich sagt, sich so wenig trennen kann wie vom eigenen Schatten. Dennoch schreibt der Neurologe Wolf Singer: »Die plausible Annahme eines Konvergenzzen-trums, eines Cartesianischen Theaters mit einem singulären Zuschauer, ist in dramatischer Weise falsch.« (W. Singer, *Der Beobachter im Gehirn,* 2002) Solange es sich nur um die einfacheren Freuden des Alltags han-

delt, besteht kein Grund, dem zu widersprechen. Ein schönes Beispiel wäre etwa das Teetrinken mit allem, was zu diesem Vorgang von genußreicher Schlichtheit an heterogenen Sinneseindrücken gehört, vom Anheben der heißen Tasse bis zum arbeitsteiligen Einsatz von Lippen, Zunge und Nase. Naturwissenschaftler haben eine bemerkenswerte Vorliebe für einfache, leicht nachvollziehbare Exempel; man sieht es an den oft kindlichen Illustrationen so vieler populärwissenschaftlicher Werke. Descartes ist hierfür das beste Beispiel, wie die verschiedenen Holzschnitte zu seinem *Traité de l'homme* zeigen, Bilder von Kleinkindern, die ihre Hand übers Feuer halten, freischwebenden Nasen, die sich einer offenbar stark duftenden Blume nähern, und dergleichen mehr. Einige von ihnen entstanden in enger Zusammenarbeit mit seinem holländischen Drucker Gérard van Goutschoven (1615-1668), so wichtig war dem Denker die Wirkung eingängiger Modellabbildungen. Je einfacher, desto überzeugender, scheint die Devise, gegen die seither kaum ein Sachbuchschriftsteller verstößt. Der mit solcher Wegwerfung behandelte Beobachter im Gehirn aber ist, wenn nicht alles täuscht, niemand anderer als der Regisseur im Kopf eines jeden selbstbestimmt lebenden Menschen, sprich der Autor selbst, in diesem Falle Wolf Singer. Dazu der Philosoph Karl Popper: »...wir machen die Erfahrung, daß es ein Verantwortung tragendes, kontrollierendes Zentrum unseres Ich, unserer Person gibt; und wir sprechen über Wesen, Essenz (die Essenz von Vanille) oder Geist (den Geist des Weines) in Analogie zu diesem Ich.« (Karl Popper, John Eccles, *Das Ich und sein Gehirn*, 1982)

13   In der französischen Ausgabe findet sich an dieser Stelle der charakteristische Zusatz »das liebt, das haßt«.

14   Sobald sie anspielen auf ein Selbst, *das nach der methodischen Ausmerzung aller natürlichen Spuren als mythologischer weder Körper noch Blut noch Seele und sogar natürliches Ich mehr sein sollte*, dann meinen sie damit ihn. Wenn sie nicht einmal mehr den Namen nennen und summarisch verdammen, was als Entzauberung der Welt zu Buche schlägt, dann denken sie in der Regel an ihn. So auch Horkheimer und Adorno in ihrer *Dialektik der Aufklärung*, wo mit der Formel von der instrumentellen Vernunft das endgültige Urteil über die Katastrophe des

neuzeitlichen Rationalismus, sprich ihren Urheber Descartes, gefällt wird. In ihm soll sich das Schreckbild einer vom Herzen amputierten Intelligenz am reinsten verkörpert haben. Wenn dies zutrifft, hätte ein Dichter wie Baudelaire vor Neid erblassen müssen vor diesem Fürsten der Finsternis, seinem Landsmann Descartes, der doch an jedem französischen Lyzeum längst Schulstoff geworden war.

Zeittafel

1596 Descartes wird am 31. März in La Haye in der Touraine als drittes Kind von Joachim Descartes geboren.

1606 Descartes wird Schüler der Jesuiten im Kolleg von La Flèche.

1614 Abschluß der Studien in La Flèche.

1616 Descartes erwirbt das Lizentiat der Rechte in Poitiers.

1618 Eintritt in das Heer des Moritz von Nassau. Im November Begegnung mit I. Beeckman, für den Descartes das *Compendium musicae* verfaßt.

1619 Descartes schließt sich den Truppen Maximilians von Bayern an und bezieht in oder bei Neuburg a. d. Donau Winterquartier.
In der Nacht vom 10. auf den 11. November Berufungserlebnis in Form von visionären Träumen.

1620 Descartes quittiert den Heeresdienst, um sich ausschließlich seinen wissenschaftlichen Interessen zu widmen. Er unternimmt Reisen, um Erfahrungen zu sammeln.

1622 Rückkehr nach Frankreich und weitere Reisen.

1625-1627 Aufenthalt in Paris. Kontakt mit M. Mersenne und seinem Kreis.

1627 Unterredung mit Kardinal Bérulle.

1627-1629 Suche nach einem geeigneten Wohnort. 1628 erste Reise in die Niederlande. 1629 Übersiedlung dorthin.

1628 Abschluß der Arbeit an der methodologischen Abhandlung *Regulae ad directionem ingenii* (fragmentarisch, erstmals veröffentlicht in den *Opuscula posthu-ma*, Amsterdam 1701).

1629/30 Entwurf des (nicht erhaltenen) *Traité de métaphysi-que*, in dem Descartes erstmals seine metaphysischen Ansichten darstellt.

1630 Die These von der Geschöpflichkeit der Wahrheit wird in der Korrespondenz mit M. Mersenne formuliert.

1631 ff. Entscheidende Schritte auf dem Weg zur analyti-schen Geometrie. Gleichzeitig beschäftigt sich Des-cartes mit Problemen der Optik, der Anatomie, der Physiologie und

1633 Erste systematische Darstellung der Cartesianischen Naturphilosophie in *Le Monde ou Traité de la lumière*, ergänzt durch den anatomisch-physiologischen *Trai-té de l'homme* (erstmals veröffentlicht Paris 1664). Descartes hat unter dem Eindruck der Verurteilung Galileis auf die Publikation verzichtet.

1637 Zunächst anonym erscheint in Leiden der *Discours de la méthode*, zusammen mit der *Dioptrique*, den *Mé-téores* und der *Géométrie*, an denen Descartes in den vorangegangenen Jahren gearbeitet hatte.

1640 Descartes verliert seine fünfjährige Tochter Francine und seinen Vater.

1641 Die *Meditationes de prima philosophia*, Descartes' me-taphysisches Hauptwerk, erscheinen in Paris (ande-re Ausgabe Amsterdam 1642), mit Einwänden von Theologen und Philosophen sowie mit Erwiderungen Descartes'. (Französische Übersetzung vom Herzog de Luynes 1647.)

1641 ff. Streit mit G. Voëtius, durch dessen Angriff auf Des-cartes' Schüler Regius veranlaßt.

1643 ff. Korrespondenz mit Prinzessin Elisabeth von der Pfalz über zentrale Fragen der cartesianischen Philosophie, namentlich über Probleme der Ethik.

1644 Reise Descartes' nach Frankreich. Veröffentlichung der *Principia philosophiae* (Amsterdam 1644) als Summa der cartesianischen Philosophie. (Französische Übersetzung von Picot 1647, mit ausführlicher Einleitung Descartes'.)

1647 Neuerliche Reise nach Frankreich. Abfall seines Anhängers. Regius.

1648 Descartes polemisiert gegen Regius in der Schrift *Notae in programma.*

1647-1648 Entstehung der Schrift *La description du corps humain* (Erstveröffentlichung Paris 1664). Angriffe von Theologen der Universität Leiden.

1648 Am 16. April führt Descartes ein philosophisches Gespräch mit Fr. Burman, von dem dieser ein Gedächtnisprotokoll anfertigt. Im Sommer reist Descartes zum letzten Mal nach Frankreich. Besucht Mersenne an seinem Sterbebett.

Vermutlich während der vierziger Jahre entsteht das Dialog-Fragment *La recherche de la vérité* (erstmals veröffentlicht in den *Opuscula posthuma*, Amsterdam 1701).

1649 Descartes übersiedelt auf Grund einer Einladung durch Königin Christina nach Stockholm. Die Abhandlung *Les passions de l'âme*, an der Descartes seit einigen Jahren gearbeitet hat, erscheint in Amsterdam kurz nach Descartes' Ankunft in Schweden.

1650 Descartes erkrankt an Lungenentzündung und stirbt am 11. Februar.